THE CEO WITHIN

CEO 接班方略

——寻找具有外部眼光的内部人

〔美〕约瑟夫·L.鲍尔 著

黄加林 马晴 李荐 等译

商务印书馆

2009年·北京

Joseph L. Bower

The CEO Within

Why Inside Outsiders Are the Key to Succession Planning

Original work copyright ©2007 Harvard Business Publishing Corporation.

Published by arrangement with Harvard Business School Press.

图书在版编目(CIP)数据

CEO 接班方略:寻找具有外部眼光的内部人/(美)鲍尔著;黄加林等译. —北京:商务印书馆,2009
ISBN 978-7-100-06559-7

I. C… II. ①鲍…②黄… III. 企业—领导人员—培训 IV. F272.91

中国版本图书馆 CIP 数据核字(2009)第 015900 号

所有权利保留。
未经许可,不得以任何方式使用。

CEO 接班方略
——寻找具有外部眼光的内部人

〔美〕约瑟夫·L.鲍尔 著
黄加林 马晴 李荐 等译

商 务 印 书 馆 出 版
(北京王府井大街36号 邮政编码 100710)
商 务 印 书 馆 发 行
北京瑞古冠中印刷厂印刷
ISBN 978-7-100-06559-7

2009年5月第1版　　开本 700×1000　1/16
2009年5月北京第1次印刷　印张 15¾
定价:40.00元

商务印书馆—哈佛商学院出版公司经管图书翻译出版咨询委员会

（以姓氏笔画为序）

方晓光	盖洛普（中国）咨询有限公司副董事长
王建铆	中欧国际工商学院案例研究中心主任
卢昌崇	东北财经大学工商管理学院院长
刘持金	泛太平洋管理研究中心董事长
李维安	南开大学商学院院长
陈国青	清华大学经管学院常务副院长
陈欣章	哈佛商学院出版公司国际部总经理
陈　儒	中银国际基金管理公司执行总裁
忻　榕	哈佛《商业评论》首任主编、总策划
赵曙明	南京大学商学院院长
涂　平	北京大学光华管理学院副院长
徐二明	中国人民大学商学院院长
徐子健	对外经济贸易大学副校长
David Goehring	哈佛商学院出版社社长

致中国读者

　　哈佛商学院经管图书简体中文版的出版使我十分高兴。2003年冬天,中国出版界朋友的到访,给我留下十分深刻的印象。当时,我们谈了许多,我向他们全面介绍了哈佛商学院和哈佛商学院出版公司,也安排他们去了我们的课堂。从与他们的交谈中,我了解到中国出版集团旗下的商务印书馆,是一个历史悠久、使命感很强的出版机构。后来,我从我的母亲那里了解到更多的情况。她告诉我,商务印书馆很有名,她在中学、大学里念过的书,大多都是由商务印书馆出版的。联想到与中国出版界朋友们的交流,我对商务印书馆产生了由衷的敬意,并为后来我们达成合作协议、成为战略合作伙伴而深感自豪。

　　哈佛商学院是一所具有高度使命感的商学院,以培养杰出商界领袖为宗旨。作为哈佛商学院的四大部门之一,哈佛商学院出版公司延续着哈佛商学院的使命,致力于改善管理实践。迄今,我们已出版了大量具有突破性管理理念的图书,我们的许多作者都是世界著名的职业经理人和学者,这些图书在美国乃至全球都已产生了重大影响。我相信这些优秀的管理图书,通过商务印书馆的翻译出版,也会服务于中国的职业经理人和中国的管理实践。

20多年前,我结束了学生生涯,离开哈佛商学院的校园走向社会。哈佛商学院的出版物给了我很多知识和力量,对我的职业生涯产生过许多重要影响。我希望中国的读者也喜欢这些图书,并将从中获取的知识运用于自己的职业发展和管理实践。过去哈佛商学院的出版物曾给了我许多帮助,今天,作为哈佛商学院出版公司的首席执行官,我有一种更强烈的使命感,即出版更多更好的读物,以服务于包括中国读者在内的职业经理人。

在这么短的时间内,翻译出版这一系列图书,不是一件容易的事情。我对所有参与这项翻译出版工作的商务印书馆的工作人员,以及我们的译者,表示诚挚的谢意。没有他们的努力,这一切都是不可能的。

哈佛商学院出版公司总裁兼首席执行官

万季芙

谨以此书献给
我在哈佛商学院的同事
尤其是雨果和约翰

目录 CONTENTS

序言 …………………………………………………………… 1

第一章　为何需要内部局外人？ ………………… 1

领导失误 ……………………………………………………… 6
外部人与内部人 ……………………………………………… 7
做出正确的决策 …………………………………………… 10
本书的目标读者 …………………………………………… 17

第二章　岗位描述 …………………………………… 19

外部人士/正面例子：夏洛特·比尔斯在奥美 …………… 23
外部人士/负面例子：约翰·斯卡利在苹果电脑公司 …… 29
内部人士/正面例子：布朗鞋业的罗恩·弗罗姆 ………… 38
内部人士/负面例子：马莎公司的彼得·萨斯伯里 ……… 42
橡树、橡果和接替 ………………………………………… 46

第三章　内部的局外人 ……………………………… 55

为什么要"打好基础"？ …………………………………… 59
为什么要"知情在行"？ …………………………………… 66
拥有领导才能和领导欲望 ………………………………… 69
发现变革的需要 …………………………………………… 72

第四章　塑造内部的局外人 …………………………… 79

招聘 …………………………………………………………… 84
利用组织的良机 …………………………………………… 93
用发展的眼光看待过程 …………………………………… 100
考核与反馈 ………………………………………………… 107
培训 ………………………………………………………… 109
区别 ………………………………………………………… 111
业绩 ………………………………………………………… 112

第五章　CEO的接替程序 ………………………………… 115

交棒式和赛马式 …………………………………………… 116
成为CEO需具备的关键特质 ……………………………… 124
扑面而来的各种挑战 ……………………………………… 127
如何做到未雨绸缪 ………………………………………… 133
从一种方式到另一种方式的转变 ………………………… 136
顺利度过过渡期 …………………………………………… 149
董事会的角色：衡量公司的另一个标准 ………………… 154

第六章　许多企业在接替问题上失败的原因 … 159

世界变了 …… 161
CEO 要做什么？ …… 165
董事会要做什么？ …… 166
引发问题的情形 …… 168

第七章　特例：家族企业的接替 …… 175

家族企业的接替管理：概览 …… 176
糟糕接替的代价：布朗夫曼大厦的倒塌 …… 179
长子继承：最专制的模式 …… 184
第二代的职业化 …… 185
盖尔道集团：发展得越来越好 …… 186
一般原则 …… 188
家族的最上层 …… 189
潜力巨大，实现困难 …… 191

第八章　我们需要什么样的领导 …… 195

接替：热情与回报 …… 196

正确的东西	201
无限的学习曲线	204
正确的东西出问题了	207
打破既有模式	211
注释	215
致谢	229
作者简介	231
译后记	233

序　言

这是一本关于CEO(首席执行官)接替的书,即CEO的岗位接替是如何进行的,怎样才能在接替后实现公司的进一步发展。在公司的内部运行过程中,CEO的接替相当于一个分水岭。那些竞争CEO职位的人多年来都在玩"王者争霸"的游戏。每个人,甚至包括那些公司的竞争对手,都知道CEO的更换很可能会极大地改变自己的前途,并且公司的业绩也会受到重大的影响。

当一个叫杰克·韦尔奇(Jack Welch)的年轻人接管了通用电气(GE)公司,立刻颠覆了所有的规则。起初,这一变更让20万人丢了工作,但二十多年之后,通用电气创造了1,500亿美元的市场价值和10万个新岗位。詹姆斯·基尔茨(James Kilts)接管了吉列(Gillette)公司,三年后,该公司便被宝洁(Procter & Gamble)收购了。CEO就是能给公司带来如此不同的命运。

出于某些原因,在那些非政治组织中有一个规则——参与领导权交替的竞争就是搞政治,即使这对组织本身及其所属人员来说风险很大。而优良的管理是与政治分离的。因此,关于CEO接替者的讨论通常是秘密的关门会议。只有大公司CEO的接替才会被当做一个重大事件,可能还会被当地报纸当做新闻来报道。但即使是大公司,这个话题也只

序言

是在任的CEO卸任前一年左右才会受到关注。

与之形成鲜明对比的是，政府首脑换届之前两年就会备受媒体关注，这差不多成了各个国家历史中有规律的主题。但在财经媒体中，对公司领导接替的关注度却微乎其微，尽管目前许多公司在规模上已经超越了国家。如果我们翻翻管理学的教科书，就会发现几乎从未提及CEO的交替。

四十多年来，我一直教授综合管理，研究CEO都从事哪些工作。通过近十年对公司领导人工作的研究，我突然发现CEO的接替对于公司几十年保持良好业绩具有举足轻重的作用。有一条自然规律是，那些保持了多年突出业绩的公司都会有回到平均水平的趋势。那些领导公司走向辉煌的CEO退休了，或者竞争对手找到了超越他们的办法，变得势不可挡。像IBM那样的大公司也是如此。因此，我认为写一本书，描述一下那些CEO顺利接替的公司的成功经验会是很有帮助的。

这最初只是个很简单的想法，直到我开始仔细研究一个个具体的实例和模式。

一开始，我发现这个过程十分刺激，充满了戏剧性。尽管我们生活在和平年代，但是工作中的竞争却像极了《圣经》、罗马和拜占庭的史书、莎士比亚作品中的内容。唯一的不同就是现在不再有肉搏战了，尽管有些家族企业中竞争接班人的过程的确不啻一场疯狂的危机。波士顿有个富商为了成功起诉他的几个孩子，朝自己开枪，制造了一场谋杀的假象。这足以扭曲人们对CEO接替过程的看法。

但是，我同样也发现有些公司的CEO接替模式能够为之带来高效优质的领导。而这也正是本书的主旨所在。同时，为了捕捉接替过程中显示出的激烈的人性矛盾，我引用了一些政治史上的著名案例，并且采用了很多类比。在靠近结尾处，我还引用了一首诗。

另外我发现，为公司CEO接替问题提供简单有效的良方还存在一个难题。我们一说到CEO接替,就好像这是个千篇一律的过程,但我研究的每个实例都有独特的重要特征,在一些个案中,这些特征还具有决定性作用。我的任务就是总结那些成功案例的共同特征,同时也不忽略那些个别特征的重要作用。主要特征包括以下几点:首先,该过程反映了公司的管理模式和企业文化。其次,该过程起步很早,至少在前任CEO退休前五年,而且通常会更早。再次,公司会尝试为选择接班人提供尽可能多的候选人。最后,尽管CEO在此过程中发挥着重要作用,但由一些部门主管和顾问组成的智囊团也参与整个过程。

作为一名资深学者,我从数据着手验证我在整个案例史中发现的模式。我查询了公司高级经理人薪资数据库和相关文献,发现了一个惊人的数据:大部分公司(比例在60%以上)根本没有CEO接替程序!一些有着数十年经验的一流咨询顾问告诉我说,如果一家公司能有一个出色的候选人,就算是幸运的了!

这个基本事实主要与我的研究方法有关。我尽可能地使用数据库,但在鉴别哪些做法奏效,哪些做法无用方面,数据就显得过于抽象了。我在本书中论证的一个主要观点是,最好的新任CEO是具有外部人视角的内部人。培养这种特殊人才需要花多年时间,如果你现在到了做决定的时候,但眼下还没有这样的候选人,就应该采用一个两步走的策略,即延缓决定,并用几年时间培养最具潜力的内部局外人。

我依据自己四十多年的实际经验来证明这一观点。我在哈佛商学院做了43年的公共管理学教授,此间培养了好几代工商管理硕士。近年来,我非常关注参与哈佛商学院高层管理培训项目的学员,我还专门设计了一些项目,培养外部人的视角,培养有潜力的高层管理人员,使其从只关注公司内部事务的执行者转变为具有外部视角的全方位管理人,并为之提供积累经验的机会。在此背景下,我与上千名经理人共事,他们都挤上了通往大公司高级管理层的快车道,而且不惜一切争取在这个

序言

快车道上继续前进。

我还针对综合管理工作中的一些特殊挑战进行了研究,并在这些研究的基础上出版了一些书和发表了文章。与在哈佛商学院的大部分工作一样,这些研究的焦点是日常商业实战。与那些理论的形式相比,我更关注理论对实务经理人的适用性。此处使用"形式"这个词并非偶然,再也找不到另一个如此精确、恰当的词来替代它了,只不过在语言上不那么正式。

这本书从头到尾都保持了这种风格,大量取材于过去十年来我对那些世界一流企业领导人的访谈,他们中有些大名鼎鼎,有些可能公众少有耳闻。我引用了许多他们的原话,因为这些语言往往很有震撼力,而且还有力地支持了我的结论。当一家意大利家居用品制造商的CEO和一位美国高科技公司的CEO讲了相同的话时,说明他们所描述的很可能是一个普遍现象。

我还要提到此书的另外一个创作条件。哈佛鼓励我们在可控范围内参加一定数量的公司董事会,因为这样做,从理论上有助于我们了解管理中的现实问题(这一点依然体现了适用性重于形式)。作为董事,我曾经直接参与了九次CEO的接替过程,其中一些是非常成功的,其他则不那么成功。我曾经为集体合议产生新任CEO而举杯庆祝,也曾为迫于情势突然出现的CEO人选,乃至更糟的仓促推选出的CEO而扼腕叹息。我正是在积累了这些经验的有利基础上写作的。

我创作此书的目的,是希望企业家和公司能够有更多机会为成功举杯庆祝。

老企业的目标分散,定位不明,产生了灾难性的后果。之后,西屋电气企图效仿通用电气在金融方面的成功经验,而结果却是雪上加霜。

那么,两个公司发展的巨大差别背后又隐藏了什么呢?我认为,是在这20年中两家公司对领导人的不同选择。1980年,通用电气公司CEO雷格·琼斯(Reg Jones)选中杰克·韦尔奇接替他的职位。那时,韦尔奇四十多岁,略有些口吃,来自马萨诸塞州的林恩(Lynn, Massachusetts),是毕业于伊利诺伊理工学院(Illinois Institute of Technology)的化学工程博士。在公司很多人看来,他是个局外人。而韦尔奇在CEO的宝座上稳坐了整整20年,而且事业蒸蒸日上。在此期间,公司的市值惊人地增长了6000%。

与此同时,西屋电气公司却经历了六位董事长的更迭,他们的任期大多只有三四年。到世纪之交,这家名噪一时的公司那些曾经划时代的创举——率先实现电力、广播、雷达、无霜冰箱和核能的商业化——都已成为历史。[1]

当今时代崇尚团队精神。团队的整体力量大于各成员力量之和,从这个意义上讲,强调团队是件好事。但在很多情况下,团队的失误被用来掩盖领导力缺失的失误。杰克·韦尔奇当然也有一个管理团队,这是一个非常杰出的团队,但每个人都十分清楚谁是他们的领袖。

以下是两个很有意思的现实:

➢ CEO的平均任期缩短了;
➢ 越来越多的公司开始走出去寻找它们的下任领导人。

CEO的平均任期为何越来越短了?这包含多方面的原因。其中,最受关注的原因可能是这份差事越来越不好干了,因此连任的可能性也越来越小了。越来越多的CEO开始走下坡路,被排挤,或者干脆跳槽了。过去,在地方、地区或国内市场的小池塘里做条大鱼就足够了,但如

第一章

今，CEO们还要为许多其他事情而担忧，比如，如何能够打败地球另一端的竞争对手呢？他们的游戏规则有可能和我们相同，也有可能完全不同。

还有一个原因可以解释CEO为何越来越难做了。这可绝对是个致命原因——投资者的期望值提高了。过去只要超过业内平均水平就足够了，而如今，你必须做出绝对而非相对意义上的突出业绩。[2]大部分股票被保险公司及退休基金等机构把持。现在，他们的平均持股时间还不到一年，他们只想要即时回报。你可能觉得这根本不叫"投资"，但他们就是当代CEO所必须面对的股东。

对多数公司领导来说，这都并不容易。实际上，这可以说是份苦差事。董事会和股东越来越专注于股东回报，他们获得回报的途径不仅包括股票价格增长，还包括股息流、股票回购和其他手段。如今，承诺长远的收益已经不能满足需求；华尔街楷模的标准是能在短期内赚到大把钞票。

简言之，必须达到明确的业绩目标。否则，CEO更换就很可能被提上日程，现任那个碍事的倒霉家伙就要被扫地出门了。

同时，公司这个最高职位也不再是份轻闲的美差——如果它曾经是的话。如今，这可是份磨人的苦差事，全天候工作，还要忍受非人的工作强度、克服时差、应付咄咄逼人的监督员、越来越多疑的记者和暴躁的董事会等等。的确，他们的报酬是够丰厚了，但至少对一些CEO来说，所付出的代价也太大了。他们已经到达了事业的巅峰，还有必要牺牲自己的健康和幸福来保住这个职位吗？有些CEO会说不。很多CEO甚至亲自对交替之事推波助澜。他们把公司卖给有战略思想的买家，或者卖给私人财团，这在当今更为常见。之后他们便能如释重负，轻松地把所得收入囊中。

那么又如何理解上面提到的第二个现实呢？也就是越来越多的公

司开始走出去寻找它们的下任领导人。

表面上看,这有点荒唐。不管从理性还是感性的角度出发,我们对CEO的全部了解都说明内部人担任这个职位要有很大优势。实际上,吉姆·柯林斯(Jim Collins)在其著作《从优秀到卓越》(Good to Great)中旗帜鲜明地提出,任用内部人是成功企业的关键特征之一。[3]

于是我们发现自己面临矛盾的境地,这种矛盾可以表述为:

> CEO 的工作极其重要;
> 许多得到这个重要职位的人却并不称职;
> 我们聘任 CEO 的方向越来越不对头了。

其他一些因素导致公司领导的影响力被低估了。一方面,当代公司的规模庞大,看起来似乎可以在处理单个事件时独断专行,比如更换最高领导。举例来说,通用电气的规模从 1940 年的 4.5 亿美元增长到 60 年后的 1,500 亿美元;成立于 1975 年的微软公司(Microsoft),到 20 世纪末市值已达 5,000 亿美元。[4]一个人或几个人能对具有如此庞大规模的公司产生重大影响吗?

我会坚定地回答:是的,肯定能。

同时,学院派的一些理论也导致 CEO 的影响力被低估了。现在,经济学学者的主流观点,是将商界的长期变革比做进化过程。这种世界观认为,公司,乃至整个商界,都像不同种族的动物一样相互竞争、厮杀,甚至吞噬对方,以适应大环境的生态变化而生存下来。

换言之,公司就像古代的猛犸象一样,如果外部环境向不利于它们生存的方向发展,它们就会灭绝了。上帝一发话,没有哪个凡夫俗子的 CEO 能改变自己的命运。

第一章

领导失误

那么,这个观点准确吗?不。

1975年美国的顶级大公司名单和1955年的名单没有多大的区别,半数以上是相同的。与主流观点相反,这种现象随后又持续了15年。然后,一切都天翻地覆了。到2000年,发生了巨大的变化,到2004年,1990年的顶级大公司中有三分之二都已销声匿迹。

在世纪之交的这25年到底发生了什么?科技革命和全球化的大风暴带来了复杂多变的经济环境,导致众多公司的衰落。但是我要说,这些公司破产、出售或分崩离析是因为它们的管理没能建设性地重新配置资源。

没错,经济环境是改变了。但是,20世纪末大批公司的衰落,归根到底还是领导的失败。实际上,那些研究CEO影响力的学者们发现,当经济环境复杂多变,需要重新配置资源时,领导者对公司的影响,无论是正面还是负面,都是不可低估的。[5]

我最了解的是那些美国公司因领导不力而败落的例子,尽管我相信类似事件在世界各地都发生过。在子午线轮胎技术早已淘汰了斜纹轮胎的时候,美国的轮胎企业还继续投资斜纹技术及相关制造技术。要制作出更坚固的斜纹轮胎,只有增加它的层数,这就会增加它的重量和隔热性,这样把轮胎也给毁了。结果如何呢?富士通轮胎公司(Firestone)卖给了日本,百路驰公司(Goodrich)也被意大利收购了。

美国的电视机制造商曾试图继续生产那些质量不怎么可靠的电视机,美国产的电视机的批发量超过日本产电视机的零售量。但日本电视机质量更有保障,一些消费者还认为它们更美观。结果如何呢?美格福斯(Magnavox)和通用电话电气西尔维尼亚公司(GTE Sylvania)出售给了荷兰,摩托罗拉(Motorola)的夸星(Quasar)品牌和顶峰公司(Zenith)都卖给了日本。

各个行业都发生过这样的悲剧,而且实际上直到今天还不断上演。20世纪90年代,电信业及电信设备制造业都未能成功应对互联网所带来的机遇。曾是老美国电话电报公司(AT&T)核心的朗讯公司(Lucent)如今已归属法国阿尔卡特公司(Alcatel)旗下。水泥工业也落入外国制造商手中。

我们不断看到有公司没能成功地应对环境变化并预见未来。没错,规模"庞大"有时会危害自身。据科学家推测,那些庞大的恐龙要花好几分钟才能把尾部疼痛的信号传输给大脑,这可不利于长期的进化。但是庞大未必等于判了死刑,它也会带来一些好处,比如规模经济,这对于弥补大公司的反应迟缓大有好处。

但是,失败的领导就等于判了死刑。我认为,公司为迎战新市场、新对手而调整长期发展计划和方向的能力直接源自于领导的质量。

如果你接受这一观点,那么逻辑上你就应该同意,从长远来看,公司的成败取决于CEO接替过程的管理,以及公司的领导是怎么选出来的。

外部人与内部人

伟大的公司领导来自何处?这样说可能过于直白,不过伟大的领导要么来自公司内部,要么来自公司以外。本书的中心前提就是,最优秀的领导通常来自公司内部,但同时又与公司传统、思维方式、行业习俗保持着足够的距离,这样他们能够保持外部人的客观性。我把这种非同寻常的人叫做"内部局外人",我马上还要再提到他们。

注意我刚才用了"通常"这个限定词。常规往往会被打破。有时候,最佳解决方案来自公司外部;有时候即使是内部人士顺理成章地成为目

第一章

标候选人,也会给公司带来灾难。看看以下几个例子吧。

1993年,当郭士纳(Louis V. Gerstner Jr.)初到IBM时,完全像个外部人。他曾在麦肯锡公司(McKinsey)工作,在美国运通公司(American Express)担任了11年总裁,并在雷诺士-纳贝斯克公司(RJRY. Nabisco)担任了四年董事长和CEO。换句话说,他从管理咨询业转到金融服务业,又到烟草食品公司,IBM的旧臣和许多业内观察家都对他持有疑虑。郭士纳到IBM的头六个月都用来摸索公司未来可能的发展方向,部分原因是出于对公司所处经济环境的思考。IT业能否像它承诺的那样带来一个"计算技术扩散时代",只要通过便宜、普及的技术,人人都能随时得到任何信息?同等重要的是,它又能否像承诺的那样带来完全的整合与互操作性呢?如果像当时业内和公司所担心的那样,这两点都实现了,那么IBM就真的面临恐龙灭绝的危机了。它不能再增值,甚至还会破产。

但郭士纳却并不相信这个传统观点。他在日后的自传中描述IBM的转变时这样写道:

早在我进IBM之前,我就知道关于互操作性的承诺都是空话。关于反对的理由我可以说很多。认为消费者会购买这种复杂、难以兼容、享有专利的技术,他们愿意做自己的承包商,这种观点根本讲不通。

现在我必须告诉你们,我不能肯定,在1993年,我或其他人是否可以创造一个IBM,但是考虑到IBM的规模及其深厚的能力和信息产业发展的轨迹,如果破坏它独特的竞争优势,而把它转变成若干独立零件供应商,那就太不明智了,这无异于在大海里多添几条无名小鱼……

因此,让IBM团结起来是第一战略决策。而且我相信,这也是我所做出的最重要的决策,不仅仅是在IBM,而且是在我整个职业生涯中最重要的决策。那时,我还不确定我们将如何发挥这个统一企业的潜力,但我知道如果IBM可以变成一流的技术整合企业,我们就能创造惊人的价值。[6]

如何解释这个例子呢？郭士纳是个外部人，因为他没有在高科技产业工作的经验。但是他的确通晓在商界打拼的技巧，而且站在消费者的角度上，他充分准备着挑战传统观点。在花了一年半时间熟悉IBM内部情况后，他坚信"蓝色巨人"不会解散。他预见到了IBM未来将成为"世界一流的技术整合者"，而不是"深海小鱼"的集合（或曾经的"深海小鱼"的集合）。他推迟了公司的拆分计划，并开始为打造过硬的服务业务奠定基础。这的确是一个重大决策。

外部人能带来变革。他们中有些人却借此发迹，比如像见多识广的约翰·纳文（John Navin）。在富士通公司时，他迅速终止了在斜纹轮胎技术上的投资，并且把轮胎业务卖给了日本的普利司通（Bridgestone）公司。在顶峰公司时，他把Panasonic品牌卖给了松下公司（Matsushita）。

那么难道只有外部人才能看到变革的必要性吗？事实并非如此。杰克·韦尔奇，这个秉持己见的内部人，把通用电气旗下的采矿业卖给了澳大利亚，把家电业卖给了法国。更具戏剧性的是，刚上任的金佰利-克拉克公司（Kimberly-Clark）的CEO达尔文·史密斯（Darwin Smith）就卖掉了造纸厂。尽管不如韦尔奇领导下的通用电气那样功绩显赫，金佰利-克拉克公司在放弃了造纸业之后业绩便不断攀升。在这两个实例中，出售公司部分产业就切断了与公司过去的关键联系，不论是内部人还是外部人都指责韦尔奇和史密斯卖掉了"家族珍宝"。但是，这些内部局外人果敢坚决，事实也证明他们是正确的。

然而，外部人并非总是正确的。惠普（Hewlett-Packard，HP）请来了卡莉·菲奥里纳（Carly Fiorina），期望她能重振公司雄风。IT硬件市场的快速变化使惠普的战略地位岌岌可危。菲奥里纳没能巩固惠普在高端复印机和其他计算机相关外设领域的领先地位，而是买下了危机重

第一章

重的个人电脑制造商康柏(Compaq)。这同样也是一个重要决策,而且看起来几乎是一个灾难性的决策。在马克·赫德(Mark Hurd)的领导下,惠普在个人电脑领域取得了领先地位,但从1999年7月菲奥里纳接替到2005年2月她辞职,惠普几乎丧失了一半的市值。

做出正确的决策

公司领导常常面临艰难的抉择,虽然这些抉择不一定都对公司生死攸关。而且难点在于,领导们往往不能像他们自己和股东所期待的那样做出正确的决策。另外,分清决策本身及其执行也很困难。最后,在决策及其执行早已成为历史之后,关于决策含义和是否正确的讨论还在继续。

不到最后,看不清执行决策的结果。这不像在学校里学数学,也就是说,如果结果不对,你即使思路对了也不能得分。这也是为什么有那么多关于CEO交替的数据研究,却说明不了什么问题的原因之一。[7]

但是这并不能免除那些选拔领导的人的责任。如果他们表现不佳,以致数据结果迟迟不能更新,这只能说明他们没能很好地完成任务,而并不说明这是个不能完成的任务。

我还是回到起初的那个观察结论:选举下任CEO是公司如今面临的中心任务。这是长期保持成功的关键。得出这个结论后,我们还要注意到,正像我之前指出的那样,CEO的任期越来越短了,同时公司也越来越趋向于在外部寻找领导人。CEO的平均任期从1980年的九年半下降到了今天的七年。[8]

说明什么呢?别的暂且不提,最重要的是说明CEO接替过程的管理越来越糟。当内部人表现不佳时,董事会就会转向公司外部。同时,关于内部人和外部人对比的最好研究结果表明,内部人接任CEO时会得到很多帮助。在《从优秀到卓越》中,吉姆·柯林斯提出任用内部人是成功企业的关键特征之一。在吉姆·柯林斯的研究案例中,"从优秀到卓越"的公司中,只有5%任用了外部人做CEO,而在业绩相对较差的公司中,有30%任用了外部人做CEO。此外,在这些业绩较差的公司中,在规定期限内结束任期的CEO多了一倍,说明其任期较短。[9]

我的分析样本范围更大,采用了标准普尔500指数(S&P 500),分析结果也基本相同(见表1—1)。下表对比了上任前在该公司工作两年或以上的CEO和来自公司外部的CEO的业绩,以总回报减去标准普尔500指数值来衡量(总回报的计算比较粗略,但却能准确地说明问题)。

表1—1 样本公司的标准化企业回报(公司值减去标准普尔500指数值)

	平均值(%)	中值(%)	观察数
内部人士	1.48	−0.15	1,214
外部人士	−0.28	−3.09	600

来源:标准普尔公司会计数据库数据,www.standardandpoors.com;企业图书馆公司董事会分析数据库,www.thecorporatelibrary.com。

简单而言,就是内部人比外部人干得好。这表面上看毫不奇怪。多数熟悉大型企业管理难题的人,从直觉上都认为内部人会工作得更出色。毕竟,内部人更了解这个企业及其产品、市场、竞争对手和员工。但是,也正是一个内部人在1993年跟随主流意见,把IBM领入绝境。这个主流意见,也是后来外部人士郭士纳不得不坚决反对的。正如人们所说的,"内部人太过忠诚了"。

为更广泛地了解情况,我观察了过去十年标准普尔500指数公司的CEO接替人数,样本分类按照公司CEO接替前后公司业绩高于还是低

第一章

于标准普尔500指数。公司新任CEO来自公司内部还是外部。然后,我又观察了CEO接替后三年内公司业绩是高于还是低于标准普尔500指数(见图1—1)。

图1—1 样本公司在CEO接替后的回报情况

		CEO接替前的业绩	
		高于标准普尔500指数	低于标准普尔500指数
新任CEO来自	公司内部	-3.4%	4.5%
	公司外部	-5.0%	-1.3%

首先需要注意的是,在CEO接替后业绩高于标准普尔500指数的公司中,近3/4的接替者来自公司内部。那些业绩不佳的公司中,有40%任用了外部人做CEO(见图1—2)。

其次需要注意的是,在两种情况下内部人都比外部人更胜任CEO的工作,尤其是在公司此前就不怎么景气的情况下。换句话说,该数据表明公司业绩不佳就任用外部人的传统逻辑站不住脚。

图1—2 样本公司在CEO接替前的业绩

		公司业绩	
		高于标准普尔500指数	低于标准普尔500指数
新任CEO来自	公司内部	510	704
	公司外部	178	422

但是,最后需要注意的一点是中位回报的差别很小,而且个案的偏差也很大(见图1—3)。

图 1—3　与标准值偏差较大的公司举例

		公司业绩		
		高于标准普尔 500 指数		低于标准普尔 500 指数
新任 CEO 来自	公司内部	捷威 −51%	美联航	−60%
		施乐 −40%	纽约时报	−39%
		波音 +55%	美利坚	+62%
		思科 +48%	宝洁	+29%
	公司外部	雷诺士-纳贝斯克 −68%	国际电话电报公司	+17%
		家得宝 −3%	巴诺	+10%
		康柏 −42%	好时	+7%
		霍尼韦尔 +35%		

大多数我认识的董事都能掌握这些数据。那么这就出现了一个显而易见的问题：如果明知道任用外部人做 CEO 风险很大，董事们为何还会这么做呢？我的同事拉凯什·库拉纳（Rakesh Khurana）写了一本关于寻找"魅力 CEO"的书。[10] 我将他此书的结论归纳如下：董事们面对着严峻的公司产品、服务市场环境，对那些带来糟糕结果的内部人失去了信心。然后，他们开始寻找能够点石成金、带领公司从困境走向成功的超级英雄。

库拉纳认为，这种渴望"石头变黄金"的董事们多半失望而归，因为他们只关注其他公司的优秀经理人，而这些人不一定是有能力解决他们公司困境的管理者。

本书旨在阐述解决这个矛盾、走出困境的途径。它提供了寻找、招募和留住具有 CEO 潜质人才的实用方法。

例如，研究表明成功 CEO 接替的最大挑战在于培养一大批候选人，并从中选出一个优秀的领导。如果和公司高层以及董事们说到这点，他们多数都会点头赞同。但是，大多数公司却没有践行这一原则。它们大

第一章

都致力于培养经理人,而忽视了培养领导人。换言之,它们费尽心思培养了一批履行实际职能、管理各个部门的中层管理人,却没能培养出有能力担任 CEO 的人才。

  这是不是有点危言耸听了?并非如此。图1—4显示了领先企业的1,380位人力资源部门经理中的286位在网上问卷调查中的回答。他们中有60%的人都回答公司目前没有 CEO 接任规划。难怪公司最后都不得不到外部寻找 CEO 了。

图1—4　不同级别职位接替计划在被调查公司中的比例

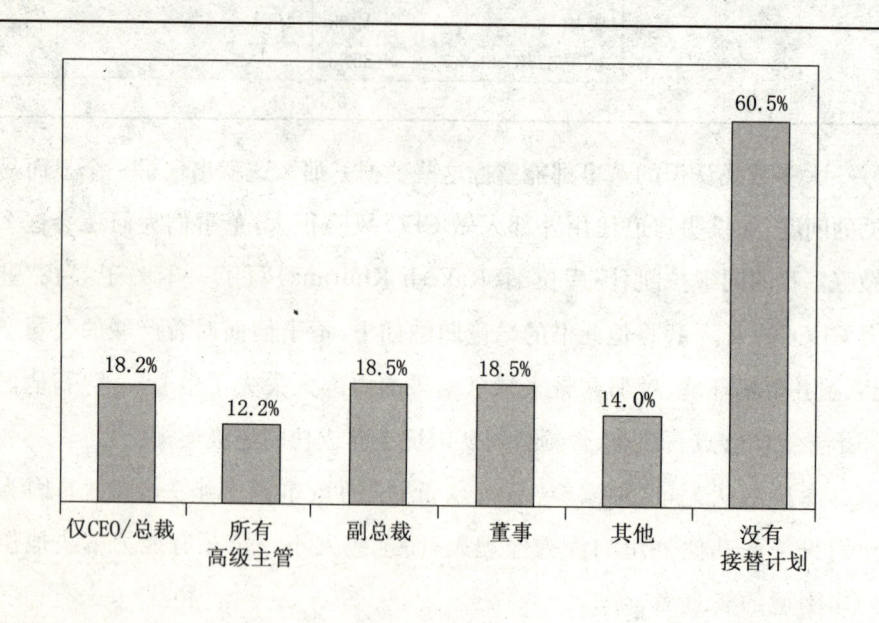

职位	比例
仅CEO/总裁	18.2%
所有高级主管	12.2%
副总裁	18.5%
董事	18.5%
其他	14.0%
没有接替计划	60.5%

来源:Society of Human Resources Management,"SHRM Weekly Online Poll," December 2003,数据载于 Susan Meisinger,"The King Is Dead, Long Live the King!" *HR Magazine* 49, no. 6 (2004).

  在本书中,我建议那些负责选拔下任 CEO 的人应该重点考虑做好 CEO 工作的要求及相关事宜。为此,我将引用那些伟大的管理学者多年来对 CEO 工作的经典描述。我还将列举一些有名的或不太有名的实例来诠释这些描述。这份工作是什么？谁干得好、谁干得不好？我们如何归纳什么人、怎样做行得通以及什么人、怎样做行不通？

这就把我们带回到内部局外人的观点。不管是在本书中还是在我其他作品中以及在哈佛商学院教书的过程中，我都认为 CEO 的最佳人选是有一套独特技巧和思路的人。规律总有例外，但总体上看，最有可能接任 CEO 职务的人选应该既是内部人也是外部人，即内部的局外人。

两者如何兼备呢？所谓内部人指的是主要在公司内部发展职业生涯的人。他或她非常了解公司内部情况。所谓外部人是指一定程度上脱离公司的人。他或她能够批判性地对待公司不容置疑的理念——那些自欺欺人的陈词滥调。他或她站在公司主流之外，因此可能带来所谓的"外围观点"。

难道我是在建议提升那些不合群、不胜任的边缘人吗？当然不是。但是，凭我多年对公司运营的正式或非正式研究经验，我认为来自内部的 CEO 要想成功，就必须像看待一个新购公司那样看待自己公司的历史和文化。没错，他们应该好好利用自己做经理人期间对公司各方面情况的深入了解，包括员工、运行体系、供应商和客户、宏观调控和业内竞争等情况。同时，他们还需了解公司必须面对的新的世界形势，并依此做出判断。他们必须摆脱长期在一家企业任职而造成的意识和感情上的包袱。世界的需求才是他们的真正驱动力。

阐述了 CEO 工作的特殊要求，接下来我还要谈谈如何培养 CEO 的合格人选，包括招募、培养、选拔和接替等步骤。合格人选首先必不可少的一点：个人品格，这包括睿智、诚信和风趣幽默。幽默之后是健康，我认为健康与幽默关系密切。自我解嘲似乎是消除各种生理和心理疾病的良药。

个人品格的最后一点，也是很重要的一点是健康向上的竞争精

第一章

神。在大学里,我们花了很多时间和精力来研究所谓的"商业智慧",如企业理性、冷静、被动的方面,因为这些比较容易描述、捕捉和量化。但是商业活动很大程度要依赖激情,我们一定是力求轰轰烈烈,以外向型的、积极进取的心态工作,并据此不断攀登更高的阶梯。CEO的性格里所包含的激情比大街上的普通男女要多得多;而成功的CEO还要更多些。

尽管本书对公司运作中激情的一面着墨不多,我还是希望尽早提及这一点,并且请你们将我之后的建议放到这一前提下考虑:假如有六个雄心勃勃的候选人竞争CEO的职位,其中五个人都注定要在这场他们平生最重要的竞争中失败。那么,成功的CEO交替方略与那六位候选人的激情有什么关系呢?这个问题很难回答,但是在我们进入下面几章时最好记住它。别忘了,不久前人们还相互厮杀以夺得相当于中古时期的"王位",有时甚至不惜杀父弑子。

下面来谈谈那些个人因素以外的客观因素。首先是最重要的一点,杰出的领导必须能掌管企业。这种能力来自于长期从事一个行业中的多项工作的经验。那些最优秀的人才,最终会从一个专业操作者发展成为一个综合经理人(在哈佛商学院简称为总经理)。

他们的眼光必须具有全局性、渐进性和纵深性。他们必须了解该行业不同发展阶段面临的各种挑战,并用积累的经验来应对新的严峻挑战。

这种独到的眼光和广博的知识一定是来自多项综合管理工作的实践。这就是说,公司必须合理安排,组织有序,保证提供各种综合管理的工作机会,让那些候选人得到CEO工作以外的全面锻炼。

这种实践锻炼可结合深入的指导和培训,或者借助大学的综合管理项目(我本人就设计和指导了若干此类项目)。还要再次强调一下,无论通过何种途径,总目标是形成一种独特而强大的视角,即内部局外人的视角。

本书的目标读者

本书的目标读者主要是那些与 CEO 培养和选拔有关的人士。

这些人在不同公司中的范围不尽相同，主要包括董事会成员、现任 CEO 及其团队、人力资源高级经理、人力资源顾问和发展研究委员会执行官员。寻找、任用新 CEO 并保证他们胜任这个职位与这些人的个人利益息息相关。董事会尤其可以从本书中找到一些有用的建议，以保证各位董事在这个重要的过程中齐心协力而不是相互拆台。

依据我的经验，公司之所以没能成功培养合格的 CEO，有时是因为它们的组织和管理出了问题，这就像管理不善的餐馆连珍馐也会做得淡然无味。因此，本书还针对另外一些公司领导，他们主要关心的是内部信息的流通以及战略和结构的匹配问题。一些专门与公司领导打交道的顾客也应该了解他们最重要的一些客户是如何当选 CEO 的、当选过程说明了客户所在公司的哪些情况。

再往下就是那些能从本书观点获益的人。尽管一个公司一次只能有一位 CEO，而且如果幸运的话，十年到二十年才需要更换，公司中仍有很多人渴望得到这一宝座。即使在那些并不觊觎这一职位的人中，很多人也想知道他们的下位老板是怎么选拔出来的。毕竟，无论是直接还是间接，很少有其他事能对他们的职业生涯产生更大的影响了。即使本书对改善选拔 CEO 的过程毫无裨益——我当然不希望这样——它也能使相关人等将这个过程看得更清楚，这也不失为一件好事。

同样，哈佛商学院和其他名牌商学院的学生也渴望有朝一日能登上 CEO 的宝座。我希望本书能够引导他们思考在开始从事商业管理工作之后，需要获得怎样的实际经验。我还希望他们能先思考一下自己想在

第一章

哪种公司任职。如果有一天,他们荣升公司的 CEO,或有能力进入另一家公司的董事会,我希望他们负责任地好好规划一下接替后的工作。

本书的结尾部分还涉及了另一个读者群:家族企业。美国的大部分公司都属于或起源于家族企业。这种企业的 CEO 更替面临更严峻的挑战。那些钩心斗角的激烈竞争在一般企业就够让人头疼的了,在家族企业中又会因为代际矛盾和手足相争而恶化。在家族企业,内部人又有了完全不同的含义。明智的家族会从长计议,让下一代有机会获得企业外部的经历。

本书的最后一章又回到了我本章的开篇主题:领导对公司来说意义重大,而我们一直以来选拔公司领导的方式并不正确。一部分原因是因为我们在选拔领导时越来越觉得他们是随时可以更换的,如果表现不佳,就应该找人取而代之。

第三章具体描述了内部局外人,以及为什么他们成功的概率更大。接下来,第四、五两章讲述了培养和选拔合格的内部局外人的必要步骤。第六章解释了为什么这些步骤那么难制定和执行。第七章明确分析了为什么这些任务对家族企业来说更难实现。另外还有一个重要问题,那就是如今大企业 CEO 的工作难度很大——庞大的规模、复杂的运行体系以及对及时效益的需求让他们如履薄冰。帮助读者了解这份工作的方方面面是第八章的主要任务。

第二章　岗位描述

> 他坐在那儿说:"做这个!做那个!"但这招可不灵。可怜的伊克——这儿和军队可一点都不一样。他将会大受打击。
>
> ——哈里·S.杜鲁门[1]

我有个熟人,曾经掌管世界最大、最有影响力的管理咨询公司之一。他常常说自己从未见过一个称职的总经理,以此引起听众的兴趣。

吸引了听众的注意力后,他接下来会解释这句话的言下之意。他并非从没见过一位合格的执行官;实际上,他曾与许多出色的公司领导共事。只不过CEO的工作,他继续说,远不止是一个人的事。

尽管如此,必须有人担任CEO之职以及其他颇具挑战性的高管职务。在这些人中,他解释道,有一些克服万难,最终取得了成功。

显然,这是个不一般的假设,与我们通常听到的关于CEO工作的观点不同。它强调了这份工作与生俱来的艰难性,任职者犯错的可能性以及获得成功的长期艰巨性。而且从我们的角度出发,这是个很有用的观点。如果我们能搞明白为什么公司领导那么难当,我们就应该能更好地挑选得力的领导人了。

第二章

我哈佛的同事、已故的肯·安德鲁斯(Ken Andrews),也是综合管理艺术的拥护者。来看看他的这段话,也许对我们理解 CEO 职位有所帮助:"CEO、总裁……是首当其冲,也可能是最不情愿为之前的决定导致的当前结果而负责的人。不论我们说什么……都不能否认这个既成现实。"[2]

哈里·杜鲁门(Harry Truman)办公桌上的铭牌写道:"由我负责。"[3]安德鲁斯更正说,这块牌子上应该写:"由我负责,即使我并非始作俑者。"不论是不是领导人导致现在结果的发生,不论是不是环境的改变使得损失在所难免,领导人在其任期内就必须对所有结果负责。

这就是为什么在通常情况下,在经济繁荣时期大家都盛赞 CEO 干得漂亮,而在经济衰退期就指责他们无能。艳阳高照的时候,CEO 必须尽其所能,以最快的速度最大限度地利用时机,并且使出浑身解数延长这大好时机(这样说可能有点过了:CEO 还需利用继承的一些优势来更好地利用时机,至少在他们任职初期是这样)。相反,碰上大雨倾盆的坏天气,CEO 就不得不修修补补了,他们必须想方设法采取正确的行动,以达到原计划的结果,哪怕只是表面上的原计划结果。

因此,执行官必须承担所有的后果。另外,安德鲁斯还写道:"执行官还必须意识到自己的第二大职能是,如何以创新的形式保持并提高企业竞争力,以使成功成为可能。"换言之,他们必须利用公司的资源来增强其竞争力。

安德鲁斯指出,这一点又紧接着引出了第三个关键职能:"综合协调销售、财务等专业职能……以适应这些职能随着技术进步在各自的方向上引领公司成长的步伐,并将引导公司向各个方向发展。如果这项协调工作做得好……总经理们就有可能使公司按照符合公司目标的优先次序部署资源。履行承诺,实现目标是总裁作为公司领导的一个中心职能。"

但我们并未就此停止往CEO的责任重担上加码。我们还要考虑到策略和视野。正如安德鲁斯所说的:"任何公司的CEO都扮演着一个最难的角色——公司目标的管理人……相关的总裁职能包括设立或主持公司目标设置和资源配置的过程、在战略选择中做出决策或批准决策、在天灾人祸和内忧外患面前明确和捍卫公司的目标。"

让我们重述一下公司领导之职暗含的难题吧。要对之前计划导致的当前结果负责,就意味着你得按照别人的航线乘风破浪。另外,你还要为不可测事件导致的必然结果负责。例如,在2005年8月的最后一周里,"卡特里娜"(Katrina)飓风袭击了美国海湾海岸的新奥尔良(New Orleans)和世界其他地区。成千上万的居民和企业受灾。与之相比,美国东北部屡遇的暴风雪的破坏性虽然是小巫见大巫,但也迫使公司和个人计划重新调整。作为CEO,你不可能与大自然抗衡,而只能想方设法去适应它。

同时,各行业及地区、全国经济不断发展。例如,高生产力和国际竞争的结合使得全世界消费市场的竞争格外激烈。宝洁出人意料地吞并了吉列,打破了零售商和供应商之间的制衡,而且也迫使沃尔玛(Wal-Mart)这样的头号零售商重新思考其战略领域。同样,凯马特公司(Kmart)和西尔斯公司(Sears)的合并,以及联合百货公司(Federated Department Stores)与五月百货公司(May Department Stores)的合并可能改变了美国百货零售业的整体面貌。在这种情况下,要实现五年前甚至十年前制订的计划是极其困难的。

而且竞争者也越来越无孔不入。如今,在全球多数市场上,都遍布强有力的竞争对手。巴西的盖尔道集团(Gerdau Group)、印度的密托集团(Mittal)都是第三世界国家新生的钢铁巨头,它们不仅作为进口商,还作为重要的本土企业,对法国、美国、英国等主要市场的领先企业

第二章

发起了挑战。三星(Samsung)的发展紧逼索尼(Sony)、松下和摩托罗拉。意黛喜[Indesit，前身是默洛尼家电公司(Merloni Elettrodomestici)]在挑战博世(Bosch)和伊莱克斯公司(Electrolux)，紧随其后的还有中国的海尔和土耳其的阿奇立克公司(Arçelik)。世界面貌已经焕然一新了。

难上加难的是，现在高效生产高质量产品已经不够了，世界级的大公司必须以最低的成本生产最好的商品，这就意味着它们必须削减成本，毫不手软地削减成本。同时，它们还必须创新并保持实力，以达到未来的目标。

如果公司不能完成这些看似矛盾的任务，并创造利润，就注定失败了。它们会被其他公司打败并被排挤出它们长期占有的市场。或者，一定程度上要感谢大规模流动金融市场的存在，这些公司可能会被竞争对手兼并。

总之，这是一个复杂而惊人的画面。在这种状况下，企业如何才能成功呢？答案简单得令人怀疑，只包括两部分：一是企业必须聘任和培养一个具备协同合作的技术和能力的管理团队；二是聘任执行官的这些企业必须能够有效运转以满足竞争的需要并不断创新以实现持续增长。

这听来简单，但实属不易——因为之前陈述的那些原因。难就难在细节上。你是在公司内部还是外部挖掘这个团队的人才呢？你如何处理像削减成本和创新这样方向完全不同的问题呢？

为了寻找问题的答案，我先选了四类公司作为例子：

> 外部人士/正面例子。一家到外部寻找新领导并成功的公司[奥美广告公司(Ogilvy & Mather)]。

> 外部人士/负面例子。一家到外部寻找新领导不成功的公司[苹

果电脑公司(Apple Computer)]。

➢ 内部人士/正面例子。一家消费品公司[布朗集团(Brown Group)]在内部找到了强有力的领导人。

➢ 内部人士/负面例子。最后,一个英国零售业巨头[马莎百货(Marks & Spencer)]在内部寻找领导人,但遇到了人才短缺的情况。

总的来说,这四个本书中多次提及的例子会让我们深刻体会到CEO工作的艰巨。它们告诉我们在公司里,什么手段是可行的(或不可行的)。它们介绍了对公司的关键职能——比如规划CEO接替过程——所进行的真实思考(为此,我还尽可能地引用公司领导的言论)。最后,它们还向我们展示了"内部局外人"的优良特征。

外部人士/正面例子:夏洛特·比尔斯在奥美

我要引用的四个例子中的第一个是关于广告业巨头奥美公司。奥美是由商业传奇大卫·奥格威(David Ogilvy)于1948年成立的。这家公司通过销售虚构人物[穿"海德威"(Hathaway)牌衬衫的男人]和现实公司代言人[为史威士(Schweppes)做广告的怀特海德中校(Commander Whitehead)]的广告产品,在业界名声大振。而它为劳斯莱斯(Rolls-Royce)制作的系列广告("当这种新型的劳斯莱斯以每小时60英里的速度行驶时,车内最大的噪音来自电子表。")以及奥格威本人的著作《一个广告人的自白》(Confessions of an Advertising Man),巩固了奥美广告公司的声誉。[4]

20世纪70年代中期,奥格威退休去了图福(Touffou)——一个坐落在巴黎西南部100英里,有着60个房间的14世纪的城堡。这件事也被一些人看成是奥美公司在接下来的20年里由盛转衰的起点。1992

第二章

年,奥美被马丁·索罗(Martin Sorrell)领导的营销服务控股公司 WPP 收购。对组织内部很多人来说,这是个颠覆性,甚至灾难性的事件。远在维埃纳(Vienne)河岸休养的大卫·奥格威感到不能再默不做声了:"天啊,奥美竟然被那个讨厌的蠢材收购了,这太令人不快了。这个人一生都没有创作过一则广告!"[5]

索罗缺乏相关的经验,但这并不是 WPP 新收购的这家公司面临的唯一问题。它被收购前的竞标活动把收购价格抬到了 8.64 亿美元,这就意味着奥美现在必须要有相应的高水平的业绩。但同时,优秀的客户主管纷纷离开,并且把客户也带走了。正如公司艰难时期通常会遇到的情况一样,在别处有好机会的人走了,没有其他机会的人留下了。

奥美被收购后不久,CEO 肯·罗曼(Ken Roman)辞职了,接替他的是格雷厄姆·菲利普斯(Graham Phillips)。菲利普斯在业内当了 24 年的客户主管,是个出名的优秀经理人。但是,公司的衰败在继续。1989 年,它失去了壳牌(Shell)和联合利华(Unilever)两大客户;1990 年,失去了施格兰冰露公司(Seagram's Coolers)和纽特斯威甜公司(NutraSweet);1991 年更是个不走运的年份,金宝汤公司(Campbell Soup)撤回了 2,500 万美元的资金,罗伊·罗杰斯(Roy Rogers)撤回了 1,500 万,美国运通公司(American Express)宣布要撤回 6,000 万。1991 年底,公司内部人心涣散,预算收入减少了 40%,营业毛利只有 4%,菲利普斯辞职了。[6]

接替他的是夏洛特·比尔斯(Charlotte Beers),她之前是芝加哥 Tatham-Laird & Kudner 广告公司的 CEO——比尔斯是奥美第一个从外部聘请的 CEO。[7]她入行时受聘于智威汤逊(J. Walter Thompson)广告公司的芝加哥办事处,很快就晋升为负责客户服务的高级副总裁。1979 年,她被 Tatham-Laird 聘为首席运行官(COO),1982 年她当上了 CEO,1986 年成为董事长。在她任期内,广告订单增至三倍,引起了业

岗位描述

内的广泛关注。1987年,她当选为美国广告代理商协会第一位女主席。

为什么她被推选为奥美的CEO呢?首先,奥美公司内部没有合适的人选。(奥美内部的候选人看起来像是问题的一部分,而非解决方法。)此外,比尔斯有一个全优的记录:她打造了一个极富创造力的广告公司,并在业内享有很高的声望。这就意味着她的出现能够弥补公司信誉度方面的漏洞。在马丁·索罗看来,他确信比尔斯将会是在正确的时间正确的地点出现的正确的人。

为什么我选夏洛特·比尔斯?她关注细节,非常出色。而且她很有个性。她真正体现了"领导魅力",虽然这个词多被误用。人们觉得我是半疯了——如果不是完全疯了的话——因为夏洛特之前只不过管理着芝加哥的一家中小型广告公司。她从未在全美国范围内及国际范围内做生意。

当时公司内外都有一些候选人。但是到请来夏洛特的时候,我想我们已经对前两个人(都是内部人)很失望了。夏洛特代表一种全新的思路。她是位女性,这就是关键所在。正如我所说的,她精明强干、活力充沛。

从这点上看,这有点像是跳入了蓝色远方,可以放开手脚。但是我认为夏洛特出类拔萃。实际上,夏洛特放弃了去盛世广告公司(Saatchi)的机会,而盛世与她关系密切的两大客户——宝洁和玛氏公司(Mars)有更多联系,因此,在某种程度上,她应该很自然地选择盛世公司,但是她没有。她加入了我们公司,并且干得很出色。[8]

但是过去的辉煌并不能保证比尔斯未来的成功。最终接替比尔斯成为奥美又一位出色CEO的夏兰泽(Shelly Lazarus)当时已经是在奥美工作20年的元老了。用她的话说,1992年4月9日比尔斯接手的奥美并不是真正作为一家企业来运转的。

第二章

目标远大、任务艰巨。人们相信经济回报和商业成功一定会随之而来。实际上,行业内的增长太快了,你必须不断成功。这是一个反映大卫·奥格威时代的强大文化,这种文化遵奉坚定的信仰和高尚的品格,把广告当做艺术和科学来对待,对客户保持诚信,信守诺言。大卫把公司作为真正的精英团体来管理。我的意思是,当他站起来宣称我们痛恨小人和政客时,这都是真的。实际上我觉得奥美在客户组织内部被判出局的原因之一是,我们实在不太会搞政治。[9]

在比尔斯看来,这家企业那么非正式,而且几乎完全无视权威,这令她感到震惊。"走进办公室的那一刻真令人惊讶,"她后来回忆说,"在任的CEO甚至还不确定你那天要来,没有一个秘书认识你,你还得做自我介绍。"

但比尔斯发现一个更麻烦的问题是领导力的缺失。"情况令人非常不安,"她承认,"国际部的主管一年前就被解雇了;在任的CEO辞职了;而他自己的CFO(首席财务官)在他之前就走了;我那时又解雇了北美地区的主管,因此公司的四位最高领导都不在了。"

比尔斯深知自己必须同时多方运作。她认为,其中最重要的一个方面,也是亟须关注的一点,就是公司的士气。士气低落对公司的业绩有着直接的负面影响。"公司的士气,"她后来解释道,"当时非常糟糕。因为这是一家非常骄傲、智力上有优越感的公司。管理人员傲慢、冷漠,因为他们非常难堪。"

比尔斯的反应不但大胆而且很有新意:她决定花六个月拜访公司留下来的主要客户,并掌握他们关于奥美产品看法的第一手信息。她后来回忆道,她是在寻找一种"加速学习法",而且她找到了。"大多数地方我都是独自一人去的。那些办公室里的'地主'努力告诉我他们认为他们在做什么,以免我会给他们带来麻烦。如果有什么的话,就是他们对自己太严厉了。由于任命我而引发的那些争议,我走遍了每一个有必要拜访的客户的办公室,这些人告诉了我他们是怎么看这项工作的。当他们开始批评指责的时候,我就会说:'那些都过去了,我们不会再那样做了。此次会晤的重要之处在于你我要共同努力解决问题。'"

比尔斯回来后,能够给她的同事写出一个长篇大论、直言不讳又极具批判性的备忘录。"我了解了那么多,"她实事求是地回忆道,"以至于我都能在完全没有笔记的情况下畅谈公司的现状。我就是公司自鉴的一面镜子,绝对毫无保留。"

同时,不用说,她也非常关注成本和收入,这需要做出一些艰难的选择:

财务压力是空前的、出人预料的,因为他们从来没有干得这么糟。当时在控股公司里有个监督员说:"这是完全不能接受的。"实际上,奥美的财务状况非常惨淡。我们没有得到国际业务的任何收益,但却要支付所有的成本。

我们必须找回我们失去的业务,我称之为"赢回行动",因为这是从我们当时的位置到创造新利润的最短距离。我同时也声明,新业务不是首要目标。

"我们'赢回'的包括捷豹(Jaguar)汽车公司整整1,200万美元的订单,还有值得好好'自吹自擂'的是,我们赢回了美国运通公司价值6,000万美元的业务。"比尔斯后来回忆道,"这既是一个不大可能的结果,也是'天赐良缘'"。"奥美的团队帮助运通公司渡过危机,却失去了这个大客户。但是,他们很有天赋,而且比其他任何人都了解这个品牌。他们果真通过纯粹的品牌提升就赢回了运通的业务。这也是我第一次意识到一个长期存在的老品牌的拥有者是多么强大。核心团队做了主要工作。我做的只不过是让某人重新考虑奥美。"

即使在这种灭火似的危急时刻,比尔斯仍鼓励她的同事以奥美的品

第二章

牌出发来思考问题。她率领一个由公司领导组成的特别小组,着眼未来,"努力重建我们所钟爱的广告公司"。这个小组回顾了公司的所有选择,很快确定要把注意力放在跨国公司客户上。为达到这个目标,一个新组织——全球客户服务部——应运而生了。它将由一个叫做"全球客户监督员"的工作小组负责目标客户的服务。

然后,在1992年底,比尔斯提出了"品牌管家"(brand stewardship)的概念。基于对客户品牌的深入观察,而不是广告公司为客户设计的创新战略,奥美尝试发掘品牌赖以生存的情感属性和细微差别,结果形成了公司最早的品牌写真(BrandPrints),并对其进行了商标注册。品牌写真关注四个关键问题:

> 这个品牌让你的自我感觉如何?
> 如果别人看见你用这个牌子会让你感觉如何?
> 这个牌子会让你产生什么回忆和联想呢?
> 这个产品在使用者的生活中有什么重要意义?

并非巧合,客户自己也会这么想。他们立刻接受了品牌写真的概念。最大的胜利是在1994年5月,奥美赢得了IBM所有的全球广告业务,每年都有4亿至5亿美元入账。1995年,尽管天高(BBDO)公司为夺得柯达(Kodak)的广告订单而放弃了宝丽莱(Polaroid)的生意,但奥美还是击败了劲敌天高,赢得了柯达一款创意广告的业务。

那么,夏洛特·比尔斯在奥美到底做了些什么呢?这是一个非常惊人的成就列表。在一个较短的时间内,她获得了公司主要客户关系的详细知识,她同这些客户建立起了积极的私人关系,这使她得以在短期内建立起业务模式并初步挽回一些业务订单。她让公司的领导者们参与制订战略的集体行动,并为领导这一战略的实施注入活力。

简言之,她完成了安德鲁斯设定的那些任务:

➢ 承担结果；
➢ 培养组织竞争力；
➢ 明确近期目标并确保其实现；
➢ 明确战略并（与她的接替者夏兰泽共同）保护这些战略不受侵害。

实际上，比尔斯把一个缺乏领导、千疮百孔的组织变成了 WPP 集团皇冠上的一颗明珠。奥美重新建立了良好的声誉，赢回了自信，同时大幅度改善了经营状况。

比尔斯是怎么拯救它的？她掌握了广告业务的要素，了解经营这样一家公司意味着什么，坚决确定优先目标并坚持到底。

正如在本章开篇时讲到的，仅仅因为这是个看似不可能完成的任务，并不意味着某些人不能成功地完成它。

外部人士/负面例子：约翰·斯卡利在苹果电脑公司

现在看看另外一个例子吧——一个完全不同的故事，产生了完全不同的结果。

1983 年，百事公司（PepsiCo）的 CEO 约翰·斯卡利（John Sculley）在史蒂夫·乔布斯（Steve Jobs）的游说下来到了苹果公司。他面临的挑战是引入组织和营销规则，以补充乔布斯的领导技巧。乔布斯和史蒂夫·沃兹尼克（Steve Wozniak）一起于 20 世纪 70 年代创办了这家与众不同的电脑公司。乔布斯有很强的专业知识，被认为（至少被公司里崇敬他的人认为）是一位魅力领袖。但是他很年轻，略显浮躁并且缺乏经验，他明显缺乏营销和行政管理技巧，而这些正是把苹果公司推进到下一个发展阶段的必要因素。相反，斯卡利已经树立了他在百事勤奋、创新、专业

第二章

的高级经理人形象。在很多人,包括斯卡利自己看来,他是作为一个辅佐者被请来的。他的任务是在公司领导艺术方面指点乔布斯,直到他足够成熟,能够胜任CEO之职为止。

但事态并未如此发展。两年后,乔布斯和斯卡利发生了冲突,斯卡利当上了CEO,乔布斯愤怒地离开了,还带走了好几位苹果公司的重要副手。

斯卡利对苹果的充分了解已经使他意识到他面临着一个严峻的挑战。IT业正开始经历一个根本性的变化,一些评论员称之为"生态变革"。过去,公司通过向市场输送可信赖的硬件、软件的"封闭系统",就能获得大量利润,正如IBM在20世纪70年代几乎推广到全球一样。现在,在苹果早期成功的基础上,英特尔(Intel)和微软正在着手打造一个台式机市场,这是建立在所谓开放源方式的基础上,使用它们的产品——即英特尔微处理器和微软操作系统——作为系统模块部件。这些部件的组装公司差距很大,既可能是IBM这样的电脑巨头,也可能是佰德(Packard Bell)这样刚起步的公司。虽然生产出的台式机不如苹果II(或即将介绍到的苹果Mac电脑)好用,但微软的DOS和之后的Windows操作系统对广大消费者来说已经足够好了,而且生产规模很大,使这种产品的价格迅速下降,这让成千上万的消费者都能买得起。

像比尔斯一样,斯卡利在担任CEO的头五年里对公进行重组,并改进公司产品。在他的推动下,制造业务变成了优势而非瓶颈。斯卡利明确地选择保留独特的苹果公司文化中最优秀的部分,充分利用顾客对Mac电脑的热衷。[10]他保持了很高的毛利率——实际上,是业内最高的毛利率,而整个行业的利润是日渐萎缩的。结果也非同寻常:1983年到1990年,苹果的销售额和利润增长了六倍。

但是在表面的成功背后隐藏着危机。尽管具有很强的营销才能,也精心培育着苹果的业绩,但斯卡利从没有真正了解他所在行业的战略变化。在探索"Wintel 个人电脑"(以 Windows 操作系统和英特尔处理器为基础的个人电脑)的过程中,苹果成为越来越稀有的利基产品——一个孤立的工程奇迹。进入苹果公司八年后,斯卡利离开了,公司岌岌可危。

由于这个结果,人们很容易怪罪斯卡利。但是他所面临的挑战只不过是 CEO 们通常面临的挑战的一个极端实例。他们必须改变其公司创造价值的方式。斯卡利没能在苹果做到这一点,所以他不得不离开。

关于生态变革的比喻在苹果的例子中很关键。斯卡利所在的世界正随着技术变革发生巨大的变化,其产业成员不断演变的战略极大地改变了公司具体竞争力的价值。苹果销售的是一个集成的系统——所有的硬件和所有的软件——并强调因此产生的用户体验(高雅,但昂贵)。

英特尔和微软则走了完全不同的路线。在安迪·格鲁夫(Andy Grove)的领导下,英特尔销售电脑"内脏"——后来公司口号巧妙地将之描述为"英特尔内核"。格鲁夫和他的同事很快就意识到处理器之外的其他零部件——机身、键盘、鼠标、打印机等等——价值区别很少,并且正在很快被转化为商品。于是,英特尔侧重于坚持改进微处理器,并保持高效生产和销售,在完成这些特定任务上取得了引人注目的成就。

高技术的商品化过程还有一个值得注意的例外:硬件赖以发挥作用的操作和应用系统没有被商品化。这就是微软公司的切入点。比尔·盖茨(Bill Gates)很了解行业的生态环境,并争取吸收或捕捉业内其他参与者。他不断改进他那残旧的操作系统,并提供必要工具,使公司外部最有创意的软件设计师可以在 Windows 的操作页面上创作出最强大的程序。而且,规模生产在此表现出惊人的强大优势:开发商很快发现在 Windows 的安装基础上写程序更加有利可图,这比在苹果的安装基础上写程序的利润要高出 40 倍。

对苹果来说,高昂的价格(部分原因是要在低销量的情况下保持研

第二章

发的投入)、惨淡的销售状况和极少的第三方研发,造成了很大麻烦。不久,就连很多钟爱苹果的人们也不得不放弃来自库比提诺(Cupertino,苹果公司总部所在地,位于美国加州。——编者注)的这个古怪的电脑品牌。(带着自转的下降当然是每下愈况。)而在这混乱情势中,约翰·斯卡利——这个因帮助前任雇主成功地开展"百事新一代"活动而闻名的营销家——在制定关于苹果必须要做什么的独立战略方面却手足无措。

1992年,在访问哈佛商学院(Harvard Business School)的时候,斯卡利告诉那些工商管理硕士(MBA)学员,苹果公司的董事会选择他是一个错误。为什么?他解释道,因为他没有必须的技术背景,因而无法在一开始就对基础战略问题表明立场。这也说明了在CEO接替过程中最核心的问题之一:董事会和现任CEO评估一位新CEO的潜力时,手头能收集到的依据大多是他之前的业绩记录。但是,应对以前世界形势的技巧能否适应未来世界的挑战呢?在一个行业内的从业经验是否能适应另一个完全不同的行业的需求呢?

如果回顾一下,我们能发现夏洛特·比尔斯掌握了帮助奥美的必要技巧。她具备两大优势:(1)她了解她所在的行业;(2)她所在行业要求的一套基本技巧,仍然是她几十年来在业内工作中所培养的。但约翰·斯卡利两点都不具备:他来自于一个不同的行业,而且他所在的新行业正在经历翻天覆地的变化。

斯卡利本应该怎么做才会更好——他本该如何接管苹果——是哈佛商学院许多课程的研究题目。至少在理论上,他本应该有能力挖掘苹果潜在市场未来可能的需求。他在百事培养了很重要的营销技巧,而这本应有助于他在新工作中进行战略规划和预见。的确,他预见到了个人电脑联网的重要性,个人数字助理(personal digital assistant)的到来,以及网络游戏的诱惑。

但是,为充分发挥个人才能,他本应联合那些既能理解和分享他的远见卓识,又谙熟苹果一族,并能在产品中同时体现这两个方面,从而为公司赢得大众的技术人员。这不可能?不,只是很难。在很多引人注目的例子中,毫无科技知识的执行官都做到了。施乐(Xerox)的天才领导约瑟夫·威尔逊(Joseph Wilson)就是一个好例子。之前提到的郭士纳是另一个例子。

但悲哀的是,斯卡利并不善于说服那些技术人员支持他的观点。虽然他在后期的表现稍好,但已来不及挽救自己的命运。他离任后,依然找不到战略方向的苹果又经历了两任短命的CEO,直到20世纪90年代中期史蒂夫·乔布斯回归苹果,才挽救了公司的颓势。

斯卡利的例子提请我们注意争取公司核心技术人才是一个重要的挑战。升入组织高层的人几乎总是享受使用权利的快感。在他们脑海里某个地方——也许是后面,也许是前面——他们乐于幻想这样一种可能性:某日自己也能坐到最高领导办公室,做着现任CEO正在做的工作。(总体上说,他们当然会想象自己做得更出色。)怀着坐进最高领导办公室的希望,他们在履行自己当前职责的同时还与同事开展竞争——有时甚至与自己的领导竞争——以便在接任CEO的战役中获得优势。

回顾历史,在离我们不远的过去,就有通过谋杀,甚至弑父,而完成的政权接替。即使在暴力接替这种手段退出政治舞台之后,道貌岸然的政治领袖也承认并施展与最高副职之间手足似的明争暗斗。例如,亚伯拉罕·林肯(Abraham Lincoln)把最有才干的对手收入内阁,这样他就能够监视他们,并费尽心思地让这些人乐于为他效力。他也不免利用这些人彼此间的嫉妒之心达到自己的目的。[11]

类似的把戏也经常出现在现代公司CEO的接替过程中。接近"王位"的那些管理人员中好几位都想当上"国王"。他们处于一种轻度焦虑状态,不断寻找迹象,看他们或他们的亲密"王子"会得宠高升还是失宠落魄。

第二章

　　这当然也给 CEO/国王施加了另一个压力。要搭建并管理一个团队,其中至少某些成员咄咄逼人、成就非凡而且伺机夺取你的位子,这就需要玩一些林肯那样的花招了。过于听从这个团队,你就失去了领导能力。要求下属过分顺从或过分控制他们,他们中最好的那些人很可能离开,不干了,或者养成过于顺从的习惯。最后,斯卡利被公司的二把手迈克尔·斯平德勒(Michael Spindler)所取代,后者更能获得苹果公司和董事会的信任。[12]

　　斯卡利的例子,说明了董事会没有清晰的 CEO 接替计划,而又必须找到一位接替者时面临的挑战。新 CEO 必须要么对市场、技术和竞争的发展带来的危机和机遇有直觉的了解,要么能和公司里了解这些情况的人进行很好的合作。他或她必须有(或很快能制订)一个计划,来应对近期未来,并驾驭那个与可预见未来相关的公司人才。最后,他/她必须倚赖那些可以帮助他/她制定并实施新战略的公司内部人士或外部人士,以应对远期未来。

　　选拔领导就是以上这样一项任务。它在很大程度上与对世界的发展方向以及据此必须做什么的判断有关。它寻找一种能力,即识别并任用那些了解市场和技术发展动向的公司人才。这些人能够推陈出新,并设计出行动计划(即构建能力),以适应新时期战略的要求。

　　这番描述中有三个方面值得我们注意。首先是判断世界的发展方向。在此,我故意表述得比较模糊。我讲的并不是预见性。英特尔前董事长兼 CEO 戈登·摩尔(Gordon Moore)曾经告诉我,他可以预见到三代、四代以后的半导体技术发展状况。在高科技时代的背景下,那相当于很引人注目的对未来六年的预见,很少有人具有这样的能力。但即便是如此非凡的洞察力,也没能帮助摩尔完全预见到互联网对数字通信及相关芯片技术需求产生的影响。当然,英特尔此后对新兴网络做出了回应,并在互联网的大环境中确立了自己的位置,但是却失去了台式机时代的统治地位。判断"世界向哪个方向发展"也就是判断未来需要哪种能力以及怎样找到这种能力。

慧眼识才是第二大任务。在公司副职中有一些能洞悉未来走向的人,这并不稀奇。他们往往被视为孤狼,不是被嘲弄为异己者或盲目乐观者(如果观点乐观),就是被指责为乌鸦嘴(如果观点悲观)。

为什么会担心不能慧眼识才呢?健康发展的组织(甚至一些不健康的组织)有各种理由来继续向有利于当前客户获利的项目和活动投入资源。因此,那些会破坏这些安排的机会非常没有吸引力,而且主张抓住这些机会的人就会受到质疑。另外,我自己的研究表明,运营经理不愿意从他们认为有特权的那部分经营活动中退出。他们深信,某种产品或服务是他们公司的核心,神圣不可侵犯。

因为这些和其他一些原因,当 CEO 发现有必要重新配置资源来适应新的机遇时,大体上来讲很少有经理站出来告诉他应该怎么做。很少有人愿意说出哪些部分可以削减以便引入一些新东西。识别出那些美国海军曾描述为"少数的、自豪的、勇敢的人"是至关重要的。

知人善用是第三大重要任务。一位即将上任的 CEO 若想实施一项变革性的计划,需要很多积极的支持,特别是那些在新领域中知识渊博、精明强干的人的支持。如果是个新计划,就会包含危险。经理人不会愿意拿他们的事业冒险,除非他们尊重、喜欢要求他们这样做的领导。如果告诉他们必须执行,他们"默默服从",接受命令,但并不能真的投身变革、推动变革。

新 CEO 的工作使得从外部选来的经理人在接任 CEO 时由于以上三种因素会遇到一段艰难时期。像斯卡利一样,他们可能不能完全了解新世界的发展方向。还有,像斯卡利一样,他们不太可能知道公司中哪些人能支持他们的愿景。最后,如果他们能知人善用,那会是因为他们具备一种超凡能力,能快速使陌生人帮助他们设计变革计划。

第二章

　　这些理由可以解释为什么接任 CEO 的外部人通常扮演着转型师的角色。转型通常是一个多步骤的过程,它是以为数不多而可预测的某种形式来进行的。首先,转型师识别出看似不能成为公司未来一部分的个人和活动,并加以清除。第二,他/她离开公司,好让一位内部人继续完成缔造未来的任务。他或她还有可能选择把公司卖给一位买家,这个人须对公司如何发展具有远见卓识,并有能力实现这个目标。

　　陷入困境的公司被转型师——无论是外部人还是内部人担任的 CEO——拯救以后仍是独立的实体,转型师继而又把公司发展起来,这样的例子几乎没有。所以郭士纳在 IBM 的成就不同凡响。他成功地把 IBM 的客户需求转变为发展计划,并成功地识别、任用了那些能把他的愿景变为现实的人。

　　这简直是千载难逢。更典型的例子是吉列的詹姆斯·基尔茨。他理顺公司关系之后把它卖给了宝洁。(说得不好听就是"拿钱走人"。)另一个极端——不幸的是也很典型——就是詹姆斯·麦克纳尼(James McNerney)在 3M 公司的那种情况。他是从通用电气被招募到 3M 公司的"空降兵"。在他的任期内,销售状况平平,利润上升的唯一原因是更严格地控制了成本。对于一家原本被视为美国最有创新能力的公司来说,这真是一个悲惨的命运。其实麦克纳尼很适合担任波音公司(Boeing)的 CEO,那会非常激动人心。他很了解那个行业,因为他在通用电气 CEO 接班人一役中败给杰夫·伊梅尔特之前,曾经负责管理通用电气飞机发动机业务。

　　对于包括我在内的很多商业管理观察者来说,成功过渡是对一届 CEO 任期的最大考验。能够得高分的 CEO 在离开的时候能够把公司发展得比他接手的时候更好,并且把它交给一位很有希望能做得同样好的内部人。在与家族所有制、政府私有化或环境的剧烈变化有关的 CEO 接替中,选外部人接任 CEO 实在风险太大了,可以视为接管失败。

主持这一接管过程的 CEO，或缺乏过程就坐上 CEO 宝座的人，都不能得高分。

当然，证券交易市场并不总是这样给公司定价。的确，一位知名外部人士，在其他公司的商战中刚刚获得胜利，他的到来可能带来公司股价的攀升。但我的结论仍然不变。如果我们看看那些选择外部人接任 CEO 的公司的记录，那些数据就会支持我的论点：这是件风险很高的事。[13]

我曾与杰克·韦尔奇讨论过这些。他是通用电气著名的前任 CEO。他的回忆录《杰克·韦尔奇自传》(*Jack : Straight from the Gut*)成为畅销书。看看韦尔奇是如何看待内部人和外部人接任 CEO 的："首先，如果候选人来自公司外部，情况可能会相当糟糕。其次，外部候选人不了解本公司的员工。大家给予我极大的信任，但是单凭我一个人做不了所有的事。当我接管通用电气的时候，三分之一的员工乐意尽其所能为我效力；而那些来自外部的人就得费力地爬坡了。此外还有时间（任期）问题：我有 20 年的时间！"[14]

这就是韦尔奇对自己的看法。他的当选让通用电气的其他员工感到非常震惊。一位老臣说他："年轻、自以为是，是参与此次 CEO 竞选中最不守传统的执行官。"[15] 我已故的同事理查德·范希尔（Richard Vancil）曾每年都邀请韦尔奇去他的班上讲课。随着通用电气接任竞选活动的展开，学生们会讨论韦尔奇能否成为 CEO。他们一直觉得韦尔奇太年轻、坦率、粗鲁。但是这个与众不同的人却当选了！

通用电气是全球最受尊敬的公司之一，部分是因为该公司在经理人培养和接替计划中不惜花费重金。（很多其他公司从这些投资中获利匪浅，通用电气一些无法得到升迁的雄心勃勃的管理者都离开去了别家公司。）遗憾的是，很少有公司集中如此大的精力在内部挑选候选人接管公司——这也是我为什么决定写这本书的原因之一。如果外部接管风险

第二章

较大且常常以失败告终,如果这种失败往往损失巨大,那么我们就很有理由去尽可能多地学习如何让内部候选人成功地接管公司了。

内部人士/正面例子:布朗鞋业的罗恩·弗罗姆

在这点上,我本来倾向于为杰克·韦尔奇献上几页笔墨,来论证我们类型学中的第三类:成功了的内部候选人。但是,鉴于如今大多数人都知道韦尔奇故事的梗概——还有很多人,很明显,已经在买他的书来了解详情——我就着重讲一个不是那么有名但同样精彩的故事吧:这就是罗恩·弗罗姆(Ron Fromm)的故事。我对此津津乐道,因为作为薪酬委员会(Compensation Committee)主席,我为董事会监管接任过程,并且因为这个故事到目前为止结局都很圆满。

布朗鞋业(Brown Shoes)由乔治·沃伦·布朗(George Warren Brown)在1878年创建于圣路易斯(St. Louis),并一跃成为美国鞋业龙头,是一个拥有制革厂、造鞋厂、金尼鞋业(Kinney Shoes,一个大型零售连锁店)及 Wohl Shoe 旗下一千多家独立鞋店的垂直一体化综合企业。一件反垄断诉讼案中断了这种增长,迫使布朗鞋业在1963年将金尼连锁店分离出去,并试图转型为多元化的消费品生产商和经营鞋、服装的专业零售商,但这些尝试都失败了。多尔夫·布里奇沃特(Dolph Bridgewater)由于在麦肯锡做顾问期间与董事会的合作经历,于1982年被聘用接管布朗鞋业。多尔夫是一位律师,拥有哈佛商学院的 MBA 学位。他发现变化了的世界迫切需要全新的战略。他大刀阔斧地中止多元化,停止内销鞋的生产,卖掉 Wohl 品牌的独立零售店。同时,他收购并发展海外市场采购能力,大规模发展时装鞋的折扣零售店。

虽然这些努力最终取得成功,公司保持了独立,有利润和分红,但股价却逐渐从三十多美元降到十多美元。起初,我只是作为董事会一员关

岗位描述

注着这项艰难的工作，但慢慢地，我的参与增多了。1996年，我成为薪酬委员会主席，开始与布里奇沃特讨论接替问题，因为他到1999年就65岁了，该退休了。

我们从考虑可能胜任的内部员工着手。一位经理看起来相当有才华。公司八十年代中期收购了一家专事外包管理的团队，他作为那个团队的一员加入了公司。我在董事会期间不止一次碰见过他，并且很快开始欣赏他的才华。

由于董事会比较小，包括CEO和CFO在内只有九个成员，所以薪酬委员会的讨论通常都是在董事会全体会员出席的时候进行。关于接替的讨论通常也总是这样。在1998年的一次会议中，我们得出的结论是：我们认为成为接替者应该先被任命为公司的总裁，这样的话他就可以着手熟悉CEO的工作，并且董事会也会对其能力做出更好的评估。

同时，董事会执行着每年有两三次在董事会开会前夜的晚餐上或是到工作现场与其他经理见面的惯例。我对参观威斯康星州麦迪逊市（Madison Wisconsin）的品牌鞋业（Famous Footwear）连锁店办公室时与罗恩·弗罗姆会面的情景记忆犹新。他当时是该分部的COO（首席运营官）。他引用精确数据，非常细致地谈论着业务，给我的印象与其他我在公司见过面的大多数经理完全不同。

1998年初，正当我们整理入选的接替者的详细信息的时候，国际分部的一系列库存问题使我们的选择面临严重的质疑。最终那位有问题的经理辞了职。

当我们董事会讨论这个问题的时候，很明显我们需要达成两项共识。首先，我们没有一位现成的内部候选人来担当总裁之职，所以我们要寻求猎头公司的帮助，让他们拟出一份候选人名单，并帮我们挑选一位接替者。第二，我们需要安排一位代理总裁来帮助新接替者了

第二章

解公司业务并保持公司其他部门工作的连续性（我们内部选出来的人成为内部候选人的机会还是有的）。结果，董事会其他成员像我一样对罗恩·弗罗姆持有很高的评价。我们将他从品牌鞋业连锁部门调到圣路易斯，他原先的工作由他的上级代管而他则开始担任公司代理总裁的工作。

CEO和董事会要求我负责寻找外部候选人并给了我预算。经过在公司外部一些讨论后，我们将目标锁定在掌握鞋业专业知识、规模较小的猎头咨询公司。我们与那家公司的老板一起合作。咨询师了解候选人，CEO了解公司；两边的情况碰在一起综合取舍才能有进展。我竭诚工作以保持该过程尽可能高效。我从一个长长的名单中做出能够拿到董事会讨论的较短的名单，之后列出符合要求的候选者，由我单独先进行面试。写工作报告时，董事会最终同意我们应该考虑一位在生产非相关消费品的公司中担任集团行政总裁的魅力非凡的人。我们开始商讨给他的聘用期限，他开始在圣路易斯与董事会成员会面。

尽管弗罗姆担任代理总裁的工作进展得相当不错，但寻找外部候选人的进程却陷入混乱了。公司给出的报酬和奖金总体远超过他现在的，股票和退休金也足以弥补他辞去现职的股份损失。但是就未来长期奖金方面双方产生了不同意见。公司乐意提供相当高的报酬总额，而此报酬会与其业绩挂钩。候选者最终接受了报酬额，但是坚持如果因为自己业绩不佳而被要求离开公司的话也要拿到这样的报酬。[16]经过数月的商讨——对于按小时收费的律师来说，时间越长越好——之后，我们终止了商讨。

1998年秋天，商讨失败，烟消云散。我们欣喜地看到罗恩·弗罗姆，这位代理总裁干得相当不错，管理着自己之前并不熟悉的业务。面对继续寻找外部候选人和帮助弗罗姆接任两种选择，我们欣然接受了弗罗姆和他带来的机遇。

岗位描述

1999年，弗罗姆当选为布朗集团董事长兼CEO。从董事会的角度看，我们迎来了另一个才智非凡、品格高尚的人。所不同的是原来的CEO穿得像个华尔街（Wall Street）贵族，而他的接替者从心灵到精神，都像是来自中西部内陆。原来的CEO曾经是FMC公司和波音公司的一位董事，是诸多社会俱乐部的成员，而他的接替者却是了解行业中所有重要人物的"业界通"。

接下来布朗公司的核心鞋类业务经历了令人难忘的创新阶段。其最著名的品牌（Naturalizer）全面创新，以满足年轻消费者的口味。同时推出了其他品牌，在百货商店所占的份额增大。公司的名称也从布朗集团改回布朗鞋业。品牌鞋业连锁招聘了新的领导团队。2003年，布朗鞋业当选《鞋业报》（*Footwear News*）评出的"年度最佳公司"（Company of the Year）。在接下来的几年里，新品牌继续推出，很多重要的职位都招聘了新的管理人才，完成了主要的并购，以提升品牌在较高价位市场上所占的地位。

运营效率极大提高，使得利润提高、库存减少、产品推向市场的速度加快。弗罗姆从公司外部聘请了一位COO，这是这家以女鞋为主要业务的公司的首位女性COO。转变了人才机制的公司开始变得人才辈出。弗罗姆和他的首席人才官鼓励管理团队学习吉姆·柯林斯的《从优秀到卓越》，使布朗转变成一家卓越的公司。

布朗鞋业开始重新赢得其原有的市场地位。华尔街欢迎这样的改变，布朗鞋业的股票自从弗罗姆担任CEO后增值了五倍多。

我们可以用弗罗姆的成功来强调我们的主要观点：首先，弗罗姆完成了肯·安德鲁斯设定好的职责，这些职责在本章稍前的位置已经提及：

- ➢ 他接管全局，在短期内履行已制订的计划；
- ➢ 他重组机构，提升组织能力，为组织今后的成功做了铺垫；

第二章

➢ 他整合管理团队,确保公司上下都能接受公司愿景;
➢ 他着手制定战略,确保公司日后赢利。

他运用自己的行业经验——对现状及方向的充分了解——才做到了这些。他广招贤士来提高管理团队的能力(最引人注目的是设立了首席人才官一职)。他让自己的组织投入一项艰难的任务:在竞争激烈的行业激活一个疲软的公司。

内部人士/负面例子:马莎公司的彼得·萨斯伯里

我们再来看看内部-外部人士/正面-负面例子的最后一个内容:内部人接任 CEO 失败的例子。

这个案例涉及英国的马莎公司。这个英国服装和食品零售巨头,最早是 1884 年波兰籍犹太难民迈克尔·马克斯在利兹(Leeds)城柯克盖特市场(Kirkgate Market)经营的一间小铺子。该公司现在不列颠岛(British Isles)有超过 400 家店,在全球其他地方有 150 家店,包括在 30 个国家中开设的 130 家特许经营店。[17]

我们在本书中会时常回顾这个案例,就像也会经常回顾本章前面谈到的三个案例一样。现在有必要先了解一下马莎公司。原因有两个:首先,该案例论证了我们开始就强调的三个因素的重要性,即:判断世界发展方向、慧眼识才、知人善用;第二,该案例中的内部人很明显缺乏成功所需要的外部眼光。

马莎公司董事长兼 CEO 理查德·格林伯里爵士(Sir Richard Greenbury)告诉我说,他 1992 年就开始很慎重地考虑接班人难题,那时离他计划非正式退休还有 8 年到 10 年时间。当时公司由一个包括 12 个内部执行官和 5 个非执行董事组成的董事会管理。这一机构是在

岗位描述

1917年由马克斯和西夫（Sieff）两个家族成立的。迈克尔·马克斯的几个接替者表明公司基本控制在两个创始家族手中：迈克尔·马克斯之后的董事长是他的儿子西蒙·马克斯［Simon Marks，即马克斯勋爵（Lord Marks）］，然后是西蒙的妹夫伊斯雷尔·西夫（Tsrael Sieff，即西夫勋爵），然后是伊斯雷尔的弟弟泰迪·西夫（Teddy Sieff），然后是伊斯雷尔的儿子马库斯·西夫（Marcus Sieff，即西夫勋爵），再然后是家族外的德里克·雷诺（Derek Raynor），最后，在1991年，传到格林伯里。

在我们的谈话中，格林伯里向我描述了公司当初的情况：

我当上董事长的时候，这个国家正要进入（或者说已经进入）六十年来最严重的经济衰退。我的当务之急就是应对衰退，我当时没有一点幻想。对我们有重大影响的美国经济也遇到了麻烦，但英国的情况是最糟糕的。我们当时不知道接下来欧洲也会跟着陷入衰退。

另一个问题是公司的海外声誉问题。在加拿大是灾难性的，而进入美国市场被认为是个错误……在加拿大和美国遇到的困难使得股东对我们发展海外业务的能力产生怀疑。尽管如此，除加拿大以外，在全世界随处可见马莎公司的商店和商标，我们的经营仍是十分成功的。

第三个问题我认为是在本国。英国仍然具有引领整个行业的潜力，我们却低估了这一潜力。由于这种低估，我们的成本不太膨胀。为建立IT系统及供应其他开支，公司提高了利润率。我想看看我们能否降低成本以降低利润率，从而让利于消费者。毕竟，我们已不再是个船小好掉头的公司，不再可能每年提高10、12或15个百分点。[18]

虽然初期存在这些挑战，格林伯里作为董事长还是胜任的。到1995年时，马莎公司是英国利润最高的零售商，营业额达到100亿英镑，利润10亿英镑。在《金融时报》（*Financial Times*）的一项调查中，其

第二章

欧洲同行把它选为欧洲经营最好的公司。

但是最大的挑战还在后面。当格林伯里考虑接班人的时候，他发现董事会一半的执行董事都和他年纪相仿，因此，他们逻辑上不能接替他。他的两个副董事长接班也有问题。被公认为出色商人的克林顿·西尔弗(Clinton Silver)那年65岁，就要退休了。另外一位CFO基思·奥茨(Keith Oates)，刚刚被任命为副董事长和执行董事。他56岁，曾经在IBM、百得公司(Black & Decker)和提森-博内米萨博物馆(Thyssen Bornemisza Museum)任职。他此前20年都在马莎公司管理财务团队，之后是管理国际活动。

奥茨显然把自己看做是接替者，但是格林伯里的结论是，制造一个非正式的竞争会很有意义，这样能看看更年轻的商人是否也有可能通过领导人的考验。抱着这个想法，他请董事会的老成员辞职，并提拔另外三位执行官为执行董事，使他们与奥茨在同等职位上。

格林伯里认为，安德鲁·斯通(Andrew Stone)——56岁的成功的女装部董事——可能会是取代奥茨的有力人选。再看看董事会其余的成员，食品部的盖伊·麦克拉肯(Guy McCracken)和运营部的彼得·萨斯伯里(Peter Salsbury)显得很突出。两人都是47岁，格林伯里相信他们最终都会成为执行董事。"那么为什么不现在就给他们升职呢？这样，就能给他们施压，让他们在遇到问题时无人可求，只能依靠自己。"[19]几年后，奥茨以外的人都经过了轮岗，获得了更宽广的业务视野。不久后，安德鲁·斯通——那时已经被托尼·布莱尔(Tony Blair)加封为斯通勋爵(Lord Stone)，并成为活跃的工党(Labor Party)成员——辞职了，这使得形势变得清晰起来。

但在1999年夏秋，顷刻之间一切就灰飞烟灭了。首先，销售额有史以来第一次出现下降。亚洲金融危机严重影响了香港地区的销售业绩，重创也使得欧洲的业务从依靠依附英国赢利变成赔本的生意。实现收银系统现代化导致运营成本迅速飙升。由于收购十家大型百货商店导致投资资本紧缩（除了对那些占据黄金地段的大型百货商店的收购外，马莎公司对其他收购都没有进行专业的咨询）。

这些糟糕的结果不断堆积，而奥茨写给马莎公司非执行董事的一封信泄露后，让伦敦金融市场更加震惊。这封信中奥茨要求接替格林伯里担任公司的CEO，但是格林伯里可以继续担任董事长。

在随后几个月的危机中，奥茨辞职了，萨斯伯里被任命为CEO。格林伯里在清楚地意识到自己无法与萨斯伯里合作后也辞职了。经过一番搜寻后，比利时食品零售商卢克·范德维德（Luc Vandevelde）于2000年2月被任命为非执行董事会主席。又过了七个多月，萨斯伯里离开了，范德维德则同时兼任CEO。范德维德虽有能力稳定动荡的局势，但注定干不长。他自己选定的CEO接班人被董事会解职，他随即辞去了董事长职务。新的领导小组在2004年春季之前到位。斯图尔特·罗斯（Stuart Rose）在离开了相当长一段时间后又重返马莎，接替了范德维德的位子，带领公司重振辉煌。

一个拥有偶像级地位、取得了骄人业绩、资产负债表响当当的公司怎么会遇到这样的事情呢？一位天才的董事长在自己退休前至少八年就开始筹划接班人事宜，怎么还会碰上这样的事情呢？

显然，诸多因素导致了这个戏剧性的结果，但是接替工作管理不力是最重要的原因。我们用之前描述过的三个要素来看看这个过程。

> ➤ **判断世界的发展方向。**首先，零售业发生着很大变化，这对向广大英国消费者提供品牌服装和食品的卓越供应商马莎公司的核心优势提出了挑战。在服装方面，远东特别是中国出现了高质量的工厂，新竞争者正在挑战马莎公司，使马莎逐渐放弃其在英国的资源。食品方面，乐购公司（Tesco）以运营完善的强劲竞争者姿态出现，以现代化的商店、

第二章

较低的价格和几乎可以与马莎匹敌的质量吸引着消费者。面对更强的竞争对手和缓慢增长的业绩,马莎力图通过减少特色业务来增加收入,结果是自己作为市场上主要价值供应商的明确定位受损。马莎引以为傲的增值优化程序不能适应采购方面的根本性转变。

> **慧眼识才**。除了基思·奥茨是个部分例外,马莎董事会每一位执行董事都是白人男性。他们为马莎工作了一生,才在董事会中谋得一席之地(奥茨之前在其他地方工作过)。大家接触到的海外经验相当有限(海外发展的负责人因为是格林伯里班子的人而被安排退休)。在接任竞选进行中,看不到哪一位董事拥有远见卓识,能够认清世界发展的方向,同时具备带领马莎公司进入全新市场空间所需要的才能。不管萨斯伯里是不是最佳人选,他明显缺乏这种意识,就是马莎拿什么来兑现使其合理获得优质市场地位的价值主张。

> **知人善用**。彼得·萨斯伯里接手CEO时,他聘用诸多咨询师帮助自己改变马莎公司的战略,并实现流程现代化。但是在经历了两次严重的库存危机后,范德维德明显意识到萨斯伯里无法领导公司里才华横溢的经理们实施萨斯伯里的计划。的确,细心的观察者发现,在萨斯伯里担任CEO期间,很多最有才华的中层管理经理都离开了马莎公司。

橡树、橡果和接替

于是我们现在又得到了另一组结论。公司必须管理,这样至少一些创造并维持着现有成功的经理们也在锻炼自己引领变革的才能,一旦他/她走上领导岗位就能派上用场。和我谈及此事的一位CEO这样说:"你不能那时候才去考虑接替。管理公司的核心就是管理接替。"

我同意这种观点。但是说起来容易做起来难。巴克莱银行(Barclays Bank)的前任董事长兼马莎公司在上述阶段中关键性的非执行董事，马丁·杰科姆爵士（Sir Martin Jacomb）就此危机给英国广播公司（BBC）写了一篇非常尖锐的评论。他指出："大橡树下往往找不到橡果。"[20] 这一关于人才问题的精辟评价道出了一个宏观现象。正如之前所提到的，领导所面临的最重要的挑战就是拥有一支无论兴衰顺逆都能忠于自己的团队。但是，充沛的精力、宽广的视野、对于成功的雄心壮志等等这些成功领袖所必备的素质，在"大橡树"最高领导层身边工作的人身上却未必能找到。

为什么布朗鞋业的弗罗姆成功了而马莎百货的萨斯伯里却失败了？弗罗姆曾经在远离密苏里州（Missouri）圣路易斯的威斯康星州麦迪逊市工作过，管理着零售运营业务，这很重要。那儿没有树荫的庇护。这样他才能以一种全新的视角——外部人的视角将精力放在核心业务——品牌鞋上。他发现公司业务岌岌可危，于是着手挽救。他对品牌鞋的知识使他能够把大量精力和才智集中在如何做业务的细节上。

而且，他在细节中引入了自己对业绩的高标准。杰克·韦尔奇会说弗罗姆"提高了门槛"。弗罗姆能够这样做是因为，除了他的行业知识，他还将竞争力和信仰联系起来。他与众多部下会面，并让他们参与到赢取胜利的过程中（阅读并讨论《从优秀到卓越》就是其中的一种方式）。他无处不在：与客户和竞争企业的CEO谈话，巡视店面，与中国的零售商会面，总而言之，就是不断与人们沟通。最后，在过去三年里，他一直与董事会密切合作，为公司制定长期战略。

如果说弗罗姆有一个需要克服的弱点，那就是他为传播自己观点所投入的精力、才智和愿望使他有时无暇听取别人的意见。但在这一点上，他采取了另一个有趣的策略。从一开始，他就接受了两个当地董事会成员的建议，请圣路易斯的一家心理咨询公司予以帮助。该公司帮助他变成了一个更好的倾听者，而且还帮助了他的团队，为他们提供了360度分析和其他手段，以便他们更好地实现公司的人性化管理。

第二章

我想说，这并不只是故事，还是一个强有力的模式。我们可以从中学到很多。

让我们再仔细观察一下本章已经提到的执行经理们，并将他们和我们讨论过的内部局外人的特征加以比较。正如在第一章中所提到的，杰克·韦尔奇可能是最典型的内部局外人了。在本书基本定稿之后出版的一本书中，通用电气原战略顾问威廉姆·罗斯切尔德（William Rothschild）这样描述选择韦尔奇接任 CEO 的事："这令公司内外都非常吃惊。"[21] 韦尔奇的前任雷吉·琼斯（Reg Jones）已经有了改变通用电气企业格局的想法，但琼斯是个与"通用电气原有组成部分"有着千丝万缕联系的绅士。"韦尔奇却不受这种文化的影响。他曾经对自己'外部人'的身份引以为傲，虽然通用电气是他唯一工作过的公司。"[22]

在你一直工作的地方，你怎样才能成为一个外部人呢？看看我们探讨过的 CEO 的情况吧。韦尔奇并非传统的通用电气员工——他曾经是一家机电公司的化学工程师。他从事塑料业务，销售 Lexan 和 Norell 牌子的聚碳酸酯塑料，而不是通用电气的涡轮机和烤面包机。他操着一口波士顿口音，而且有些口吃。罗斯切尔德形容他"愿意挑战任何事情，并且清楚没有什么是神圣不可侵犯的"。[23]

韦尔奇的接替者杰夫·伊梅尔特在接替的前五年就使通用电气的收入翻番。因此，即使在股票的价格上还没有什么成就，我已经把他归入赢家的行列。同样，伊梅尔特也在通用电气工作了一生，但是他的主要经历是在医药系统，这并不是通用电气的核心业务。而且他也是通用电气第一位来自于销售业务的 CEO。他还把公司的业务重点从金融服务转向产品和服务，以满足 21 世纪经济的巨大需求。

罗恩·弗罗姆和斯图尔特·罗斯书写了同样的典型案例。他们具有在公司长期工作的经验，但是那些使他们名声在外的业务经验并不来自公司核心业务（在罗斯的例子里，这些经验甚至不是在公司内部取得的）。

岗位描述

另一方面,他们对核心都有深刻的了解——知道如何从根本上去改变它,并引领21世纪的市场。

这样来看,郭士纳和比尔斯比较相似。当然,他们都是局外人。但是他们都对业务需求有着战略性的本质理解。从一开始,他们就重新确立了公司的核心——即使当时他们正面临财政危机。换言之,他们并不仅仅是精减和出售或只是提运营效率。他们在稳定财务状况的同时,对于怎样建设和创新也胸有成竹。

那么,关于实现变革所必要的内部人信息呢?为了获得内部人的知识,郭士纳和比尔斯都采取了强有力的补救措施。我在本书的后面还要谈到,郭士纳请来了一个关键的内部人帮助他梳理IBM庞大的中央王国。在一个客户关系就是生命的行业里,比尔斯依靠她的知识和性别亲自维护这些关系,在这一过程中她也了解了员工并挽救了"我们心爱的公司"。她在公司内部的权威来自于被行业内高度认同的外部成就。

斯卡利的反例发人深省。人们都说斯卡利是一名优秀的经理人、百事公司的营销高手。他甚至预见到个人电脑可以应用的领域和哪些设备可以与之结合。这些才能足以为苹果带来五年销售和利润高增长。但是斯卡利却不能从技术发展带头人的角度理解战略。他一直都不能理解开放式结构对苹果公司造成的致命威胁,等到他理解时已经太迟了。而且他一直没能找到一位有才能的、可信赖的内部人士帮他在苹果公司的组织内部打开局面。

这样来看,卢克·范德维德的问题与斯卡利非常相似。他掌握了转型所需要的零售业的一般技巧,但是缺乏对马莎公司价值主张的战略性认识以及关于产品的知识对公司能否切实履行价值主张没有概念。女装的科技含量不高,但这并不表明它没有战略意义。

于是我们看到了萨斯伯里。他的不幸在于,在马莎需要一位具备产品知识的强硬、睿智、有灵感的领导时,却是他继承了公司CEO的权杖。

第二章

他的背景不符合以上任何一点要求,他尤其不具备财务和媒体经验,而这在当时非常必要。他也不是个战略家。他的当选让我非常吃惊,因为在我看来,虽然他可能会是一位能干的经理,但是却不具备所需要的任何特质。人们也许会说他是格林伯里的一个褪色翻版选中的人,一颗在大橡树的树荫下没能长成的橡果。

于是我想到一个核心问题,这我在第四章中还会提到。在一家业绩不错的公司,你如何造就内部局外人呢?韦尔奇、伊梅尔特和弗罗姆的例子是偶然吗?

何妨看一下彭明盛(Sam Palmisano),他是郭士纳从 IBM 内部挑选的接班人。他确定的每一项任务都表明他力图变革的立场——个人系统而非大型机,外包而非垂直整合。Linux 开放式操作系统也被引进了 IBM 这个封闭系统的"殿堂"。他是个内部人,但他在公司内这些领域的做法却为他赢来了战略局外人的声誉。

表 2—1 总结了内部人士-外部人士/正面-负面模型主要案例中提到的 CEO 在传记中体现的特质(我们讨论过的其他符合这个模型的人物列入表 2—2)。

表 2—1 内部人/外部人特质:上述主要案例中的执行官

名字	内部人特质	外部人特质
夏洛特·比尔斯(奥美广告公司*)	● 对广告业和关键客户的深入了解 ● 花六个月了解客户眼中的奥美	● 之前在业内领军企业的成功经验,以及在地方广告公司担任 CEO 的成功经验 ● 广告代理商协会第一位女主席 ● 大广告公司第一位女 CEO

（续表）

约翰·斯卡利（苹果公司）	● 缺乏关于IT关键问题（即封闭系统）的技术知识 ● 来自东部，与硅谷核心工程师没有联系	● 缺乏本行业知识的外部人 ● 在百事成功的营销经验 ● 很强的综合管理技巧
罗恩·弗罗姆（布朗鞋业*）	● 因为布朗品牌鞋部门的出色表现而升任COO ● 有作为零售商的出色运营技巧，并为CEO、CFO和董事会所知	● 经历了品牌鞋零售业（在威斯康星的麦迪逊）和批发、采购部门（在密苏里的圣路易斯）的深刻矛盾 ● 在制造业和公司财务方面没有经验
彼得·萨斯伯里（马莎公司）	● 一直在马莎工作 ● 长期负责公司的运营 ● 扎实的业绩	● 接替过程中获得的产品和销售方面有限的、不成功的经验 ● 没有海外工作的经历
卢克·范德维德（马莎公司）	● 接替时公司已经失去了许多内部高层管理人 ● 引进一名著名的耐用商品品牌的总经理负责运营 ● 引进其他局外人担任关键职位（很多来自著名耐用商品和电子业品牌公司）	● 作为CEO使法国食品零售商普罗蒙德公司（Promode）成功转身后将该公司卖给了家乐福（Carrefour） ● 在英国公司的比利时人 ● 引进一位局外人担任关键运营职务，之后提升他为CEO ● 与伦敦关系很好（财务方面）
斯图尔特·罗斯（马莎公司*）	● 事业起步于马莎 ● 受挫离开前曾17年不断向上发展 ● 回来时，对价值前提有了清醒的认识，具备丰富的产品（尤其是服装产品）知识和对财务的充分了解	● 离开马莎到一家服装企业——伯顿集团（Burton Group）任CEO ● 任阿尔格斯公司（Argos）CEO，将公司做大以后卖给了一个外来闯入者 ● 加入阿卡迪亚公司（Arcadia），扭转运营颓势，转手将其出售，变得很富有 ● 把他的CFO和COO带到了马莎公司

*标有星号者表明业绩突出。

第二章

表 2—2　内部人/外部人特质：其他重要例子

姓名*	内部人特质	外部人特质
杰克·韦尔奇（通用电气）	● 在通用电气工作一生 ● 将塑料业务做成世界一流行业领军者，记录优异 ● 在通用电气的其他行业担任综合经理的优异业绩	● 学习化学工程，在机械/电子工程公司当化学工程师 ● 在塑料业（不是通用电气的核心业务）成长为经理人 ● 贵族公司的一位粗鲁的年轻人
杰夫·伊梅尔特（通用电气）	● 在通用电气工作一生 ● 从一开始被招募就被认为很有潜力 ● 成功完成了一系列高难度的任务 ● 在把公司打造成领军企业过程中有效管理了公司的快速和全球化增长，取得了巨大成就	● 关键经验来自医疗行业（非通用电气的核心行业） ● 大刀阔斧的改革计划 ● 在通用电气抓增收节支时期，在技术发展和并购基础上取得了增长 ● 具有在以金融为主导的公司中所需要的销售和营销技巧
郭士纳（IBM）	● 请回了前副董事长做内部信息顾问	● 作为 IBM 最大的私人 IT 客户总经理，是个有渊博知识的外部人 ● 做美国运通公司和雷诺士-纳贝斯克公司 CEO 的经验
彭明盛（IBM）	● 在 IBM 工作一生 ● 郭士纳决定重新在内部选拔接班人后产生的人选	● 经历个人系统、全球服务业务（领导外包）和企业系统（领导采用 Linux）

* 这四个人都是业绩优异的领导人。

成功的例子都是内部局外人或非常了解业务战略核心的外部人。当内部人缺少外部眼光，或外部人缺乏关键的行业知识或利用公司里相

岗位描述

关人才的能力时，就会出问题。

尽管样本很有限，但可以看出最佳 CEO 接替者——就像公司未来发展方向的最好点子——来自组织边缘或现任 CEO 核心团队的下一代。[24] 这就形成了一个新的挑战：我们想让橡树不选近旁的橡果，而选或许是森林另一边的榆树。这就要求深谙领导之道，并且当找到内部局外人时愿意接纳他/她。

在下一章，我会侧重描述内部局外人到底是怎样的。

第三章　内部的局外人

> 我发现了一种神奇的获得解脱的方法,我感觉自己正向着目标迈进,过去所有的生命仅仅是为了这一个小时和这一次考验做准备。
> ——温斯顿·丘吉尔,1940年5月当选首相时的演说[1]

温斯顿·丘吉尔(Winston Churchill)是最终留在内部的局外人。本章的开头要简单地介绍丘吉尔的生平。尽管丘吉尔是一个政治家,我还是选择他作为案例,这不仅仅是因为他出色的领导才能得到了广泛的认可,而且因为内部局外人的特征在他身上得到了生动的体现。

丘吉尔出身于马尔巴罗家族(Malborough family),该家族具有悠久的贵族历史。他的家庭处于英国生活的核心圈。爸爸是国会议员,妈妈是社交名媛。

他并不是特别出色的学生,即使去了相当不错的学校,但并没有去最好的——如伊顿(Eaton)、牛津(Oxford)、剑桥(Cambridge)等。他参加了骑兵部队,但不久就厌倦了。从那以后,他前所未有地发奋学习,接着,离开英国前往古巴,看西班牙军队如何镇压古巴人民起义(沿途还游览了纽约)。

在古巴,丘吉尔开始尝试给伦敦的报纸发电讯。后来,他被派驻印

第三章

度,又被派到阿富汗报道当地的起义。他的母亲说服了《每日电讯报》(*Daily Telegraph*)发表他的文章。丘吉尔的勇敢、探索精神及其贵族血统使其成为将领们身边的得力助手。最终,他成了苏丹统治者基奇纳(Kitchener)手下的一名骑兵军官。回到伦敦后,他开始竞选议员,差点当选。他后来以一名战地记者的身份在南非经历了血与火的洗礼,归来后成功地赢取了议会中的保守党席位。四年后,他又站到了自由党的阵营中。

1910年,他成为管理新兴联邦的内政大臣。1911年,他被任命为海军部部长。任职期间,他在一战具有毁灭性的加利波利(Gallipoli)战役中失职,并因此而备受谴责。

这次失败导致丘吉尔永远离开了战争部,暂时退出了国会。为了贴补自己的日常工作和生活,他撰写了一些关于世界各国地缘政治状况的书和文章。这些出版物使他闻名于政坛,即使并不总是伴着溢美之词。但无论如何,他都是时政舆论的引领者,还拥有一大批忠实的追随者。在20世纪20年代早期,丘吉尔回到下院,在一战后上台的保守党政府担任财政大臣。他保守的经济政策导致了1926年的工人大罢工,而且也让很多英国人(尤其是劳工运动中的那些人)失去了对他的信任。虽然他保留了在议会中的席位,还是于1929年离开了政府,在今后的十年中无职无权。

但是,他继续公开撰写和发表时事评论。在20世纪30年代早期,他针对普遍的经济崩溃提出了解救建议。他谴责希特勒统治下德国法西斯主义的抬头。他万分焦急地呼吁英国重整军备,当局对他的呼吁基本上置若罔闻,这在一定程度上是由于丘吉尔早期对政治和军事事务的错误预测。张伯伦政府,由于惊叹重整军备的巨额开支,再加上英国并未受到希特勒的严重威胁,主张绥靖政策。

暂且引用吉姆·柯林斯在《从优秀到卓越》一书中的词句:丘吉尔督

促英国人民和领袖们"面对残酷的现实"。然而,他们拒绝这样做。最终,在德国侵略波兰以后,丘吉尔被任命为海军统帅;在比利时和波兰都沦陷后,他被任命为首相。

其他的,正如他们所说,就都是历史了——只是我们在胜利以后倾向于忘记发生过的事。丘吉尔说过:"在这场巨大战事的初始,我获得了这个国家的领导权。从此以后,我致力于采取持续性的措施来应对五年零三个月的世界战争。在战争末期,我们所有的敌军都已经无条件投降或准备那样做。然而,我却立即被英国选民们罢免了,不能再指导他们未来的一切事务。"[2]

当丘吉尔的能力已经不再被需要时,他在1945年7月被英国选民们"罢免"了。已成为自大的保守党化身的丘吉尔被克莱门特·艾德礼(Clement Attlee)和他的工党所取代,后者发誓要致力于英国人民所关注的经济事务。

浓缩在以上文字中的丘吉尔,突出了内部局外人领导的几个重要特征。

一、丘吉尔对采取什么措施来掌控他接手的局势有自己的看法——这种观点是在他处于权力边缘时形成的,同时也吸收了相当多的内部信息。丘吉尔关于重整军备的言论是在他少年、上学、从军时期密切参与英国、法国、德国以及其他欧洲国家的地缘政治活动中形成的。[3]除了借助于他的个人经历以外,通过当局内部重要的知情人士,他能够在不从政的10年里充分了解政局。最后,行过万里路、博闻强记的丘吉尔认真研读了希特勒的自传小册子《我的奋斗》(*Mein Kampf*),同时追踪并研究了德国的军事崛起。丘吉尔是一个局外人,但对于信息的掌握来说,他几乎和内部人一样了如指掌。

二、丘吉尔长期的经历让他对选举政治,议会机制以及他所要处理的政府当局的工作有相当深入的了解。上台以后,他仅仅用了不到几

第三章

年,夸张地说,不到几个月的时间,就掌握了政府是如何运作的。他知道谁掌控着信息,他也知道潜在的可用之才拥有哪种技能。他知道很多特殊的军事领导人,甚至是那些他本身并不熟悉的人,所拥有的优势和弱势。

三、可能也是最重要的一点,丘吉尔总是想成为一个领导者。他曾学习过领导技能并且专注于他自己认为非常重要的技能。他是英语演说家,这一点使他在内阁、议会中获得了权力,同时也获得了人民的信任。他能出色地领导,他懂得当局体制是如何运作的,可以让一切按照他的意志运转,并且不需要破坏现有的体制。他是个出色的外交官,能够和诸如罗斯福(Roosevelt)和斯大林(Stalin)这样性格截然不同的人合作愉快。他视自己的当政为天降大任,并因此而无比兴奋和激动。

重申一下,丘吉尔拥有伟大的内部局外人的四个优点,用商业用语表达,这也是我们渴望在潜在的 CEO 身上找到的优点:

➢ 对于公司所面临的本质性和政治性问题,以及忽略这些问题所导致的后果,有全面和独到的理解。

➢ 对于公司的运营有同样深刻的理解,包括清楚地知道在给予适当激励的条件下,谁会给公司带来变化。

➢ 拥有领导变革所需要的技能组合。

➢ 有引导变革的欲望。

你很有可能会问:"如果丘吉尔那么优秀,为什么当局那么快就让他出局了?——而且是在他刚刚获得胜利之后?"

对此我仅提出三种回答,至于细节性的问题,就留给历史学家们去解释吧!

首先,丘吉尔是一个非常专横喧闹的人,并且不懂得顾及他人颜面。战争中的苦痛挣扎使英国人民渴望和平与安宁。其次,战争结束以后,丘吉尔仍旧将目光聚焦在外交政策上（当时苏联人正在修建铁幕），而百姓们却饥饿难挨、渴求工作。最后，丘吉尔擅长领导，但是他成就事业的才能更适合于战争时期，而非和平年代。丘吉尔的传记作家们——甚至是吹捧他的那些作家们，都没有将他刻画成一个伟大的管理者。而选民们都认为当时急需一位管理者。

或许我们应当把前面列出的几个优点中的第三点（"领导变革所需要的技能组合"），改为："引领变革所需要的管理才能"。换句话说，理想的内部局外人除了打好基础、知情在行以外，还应该是一位精干的管理者。

让我们来深入地探讨一下刚提到的这两点——打好基础、知情在行。

为什么要"打好基础"？

好的领导人实际上并不经营其业务，他们把日常经营授权给有专长的助手去运作。那么，我为什么强调要掌握基本情况呢？这会不会妨碍助手们的工作呢？

不幸的是，在一些情况下，还真是这样。我在研究一家大型化工企业的资源配置课题时，不断地听到运营经理反复说到同一件事情，而且几乎是用同样的语言："预算委员会只想知道一件事，那就是流程与结构是否匹配。"

这当然暗示着更大的问题。运营经理认为，负责审定项目的董事会成员总是根据以往的业务管理经验关注业务细节，而不以企业战略的角度考虑资本配置，但是他们的经验是许多年以前的了。这些基本知识经常是过时的了。他们依据这些知识来评判和质疑具体决策，而没有更多关注项目提案中的战略和经济背景。

第三章

这样的批判是公正的。偶尔，顶级管理层会依照杰克·韦尔奇所称的"深潜"来做一些决定，他们会一直下探到操作单元去深究一个问题，但这不可能写到 CEO 的岗位描述中。CEO 们可能想深入了解公司的运营情况，但是他们需要小心避免干预实际运营。注意，据韦尔奇自己说，通用电气公司在完成重大转型之前，他几乎从未"深潜"过。

基本情况涉及哪些呢？首先是公司财务。先不看报表中的赢利，公司真的在赚钱吗？赢利与投入的资本以及承担的风险相称吗？这些听起来似乎都是最基本的，但是所有的迹象都表明，在很多公司，领导们仅仅满足于平庸的业绩或者他们根本不了解情况。正如表 3—1 所示，这些数据表明，很多公司在重要时期损失了大量的价值。

表 3—1　S&P 价值破坏者：市值的损失（1996—2006）

公司	变化（单位：10亿美元）	变化率（%）
德纳公司（Dana Corporation）	-2.7	-87
参数技术（香港）有限公司（Parametric Technology Corporation）	-4.1	-74
伊士曼柯达公司（Eastman Kodak）	-19.4	-74
固特异工业胶管（Goodyear）	-5.5	-74
捷威（Gateway）	-1.9	-73
美国劲力宝科技有限责任公司（Hercules Inc.）	-4.1	-70
福特汽车（Ford）	-25.8	-67
库博轮胎橡胶公司（Cooper Tire & Rubber Company）	-1.2	-63
通用汽车（General Motors）	-22.8	-57
安德鲁股份有限公司（Andrew Corporation）	-1.8	-56
朗讯（Lucent）	-13.3	-55
诺威尔软件有限公司（Novell）	-2.6	-54
电子资讯系统有限公司（Electronic Data Systems Corporation）	-13.7	-52
森帕能源公司（CenterPoint Energy）	-2.5	-40

（续表）

公司	变化（单位：10亿美元）	变化率（%）
国际香料香精公司（International Flavors & Fragrances）	-2.1	-39
美国Dillard's百货公司（Dillard's）	-1.6	-39
美国消费电子产品零售企业瑞帝优上公司（Radioshack）	-1.0	-33
美国ADC电讯公司（ADC Telecommunications）	-0.9	-31
冠群电脑公司（CA Inc.）	-5.4	-31
泰尼特保健（Tenet Healthcare）	-1.3	-29
道琼斯公司（Dow Jones & Company）	-1.2	-29
美国保健（HCA Inc.）	-6.4	-27
施乐（Xerox）	-4.5	-26
莎莉（Sara Lee）	-3.6	-23
美国玩具制造商美泰（Mattel）	-1.4	-18
可口可乐（Coca-Cola）	-20.9	-17
全美汽车租赁公司（AutoNation Inc.）	-0.8	-15
杜邦（DuPont）	-6.1	-14
金宝汤公司（Campbell Soup）	-2.2	-13
电力和天然气公用事业公司（CMS Energy Corporation）	-0.2	-7
伊士曼化工公司（Eastman Chemical Company）	-0.3	-7
国际公众企业（Interpublic Group）	-0.2	-4
泰森食品公司（Tyson Foods）	-0.2	-4
路易斯安那-太平洋联合公司（Louisiana-Pacific Corporation）	-0.1	-3

来源：Standard & Poor's Compustat data，www.standardandpoors.com。

基本情况的第二个含义是与公司的战略前景有关的。如果公司营业额提高了20%，但是市场规模增长了35%，那么，这个公司正在失去市场份额——很明显，这是公司将来发展的一个大问题。跟踪市场份额，尤其是单位市场份额，就是测试一个企业经营战略合适与否的好方

第三章

法。了解事情的来龙去脉，并且找到解决问题的对策，这是内部局外人与外部人的差异所在。

战略眼光不见得多么微妙。就举个外包的例子吧。我记得曾经陪同一家国内大型企业的 CEO 访问一家小型竞争对手，以评估对方的运营。那家公司正从中国进口产品，时间是 1990 年。同行的 CEO 非常喜欢他所看到的产品，但是他认为，一旦要求在短时间内按照新设计生产，中国工厂的产量和品种就跟不上了。他的判断完全错误，因此导致了战略方面的后果。作为一个外部人来说，那位 CEO 天生就具有极强的分析能力，但是他对产品及采购没有任何概念。并且，他也没有寻找任何可靠的伙伴，来帮助他真正地从内部人的角度来理解公司的经营计划。

马莎百货和惠普的教训

英国马莎百货的例子也很说明问题。正如第二章中所提及的，一次不尽如人意的内部选拔使得董事会在 2001 年任命卢克·范德维德为公司的 CEO。他曾经在比利时和法国从事食品零售业。这个选择非常奇怪：确实，马莎百货拥有非常重要的食品业务，但是当时公司最紧迫的问题都出在服装业务上。虽然范德维德和他招聘的团队拥有丰富的零售业经验，但大多数人对服装业务一无所知。在一个品牌价值完全系于产品的公司里，范德维德和他的团队缺乏至关重要的基础知识。

应该肯定的是，他们止住了公司财务的大出血。他们采取了一些非常有趣的举动并带来了一系列的回升。但是他们并没有带领公司走出最根本的战略困境：走进商店的顾客们并未觉得他们的服装令人爱不释手。为了发展，马莎百货需要一个既懂得公司运作又能从零售业角度了解服装销售复杂机制的管理团队。否则，一切都难以挽回。

虽然有些晚，但董事会最终明白了这一点，他们让范德维德所选的接班人下台，并在 2004 年换上了新的管理者：斯图尔特·罗斯。罗斯曾在马莎百货担任过管理职务,但早在十年前就离开了。在离开马莎百货的十年中,他在服装业内担任过各种各样的领导者角色。十年后,他被重新召回——一个典型的内部局外人。他关注核心业务,提升品牌价值,销售量也开始有所改观。在他到任后的两年内,销售业绩(尤其是服装业务的业绩)以及赢利都得到增长,公司股价翻了一番还多,罗斯也被《金融时报》评选为2006"年度管理者"("Manager of the Year")。

另一个没有"上道儿"的外部人的例子就是惠普的卡莉·菲奥里纳。一些来自惠普的学生上我的管理课,他们基本都承认,在过去的一些年里,公司患上了僵化症,需要引起注意。然而他们认为,惠普真正需要的是精简机构,而不是将整个计算机设备业务剥离,更不是收购康柏这个品牌。有几分像苹果的约翰·斯卡利,菲奥里纳对公司产品及其用途缺乏深入的了解,这使她在进行战略决策时进退失据。

经理人如同音乐家

经理们都像音乐家。为什么这样说呢?音乐家们都有一个标准的保留曲目。他们能够学会新的乐曲,甚至演奏新的乐器,但是将新的乐曲演奏得同练习几十年的保留曲目一样优秀,这一点对他们来说是非常困难的。经理们同样也有一个标准的保留曲目。除此之外,他们还要有能力掌控未知因素。因此,如果他们足够聪明,而且股东和华尔街给予他们充足的时间,他们就能把新的工作搞定。

但是,任何一位CEO都会告诉你,那仅仅是一些假设。

一位CEO可能认识到中国是非常重要的,并且引导他的团队向那个方向前进。但是如果那个公司从未进入过中国市场,这位CEO的理解就只是纸上谈兵——因为不是建立在对消费者和竞争对手行为真正了解的基础上的。联合利华先于它的竞争对手宝洁公司很久进入中国市场,确立了重要的领先地位。但在中国开始实行改革开放时,宝洁公

第三章

司在一位富有活力的领导人手下进行了重建,并和一个处于市场领先地位的中国企业建立了合作伙伴关系。不仅如此,他们投入了大量人力、财力来研究市场,制定战略,均衡地提升宝洁的能力,从而为宝洁公司创造了真正的竞争优势。结果成绩斐然。

而与此同时,联合利华犯了一系列的错误,促使公司朝其他方向发展。最严重的错误是,它将一位曾经在印度获得重大成功的人士派驻到中国。他按照自己的"保留曲目"行事,重复着他在印度所做过的工作——然而要在中国成功,这些是无济于事的。

回头再来看马莎百货。范德维德的团队拥有销售品牌产品的大规模零售经验。但他们事实上并不知道重建马莎百货的自有品牌需要什么。因此他们着手提升核心服装业务,但很快就增加了二级品牌和其他的部门。这起到了一定作用,但不能解决根本问题。商店的强大品牌完全是依赖产品而打造出来的,但他们的"保留曲目"中并没有包括这一点。

最后,我再举个例子,可能会有助于大家的理解。2002年,维亚康姆旗下的百视达(Blockbuster)公司正面临严峻的形势。为了解决问题,在一次去百视达的达拉斯(Dallas)总部了解情况时,维亚康姆的CEO萨姆纳·雷德斯通(Sumner Redstone)得知,最根本的问题是商店里的新片存货不足。他究其原因,被告知由于制片方收费太高,商店无力购进足够的新片。

雷德斯通曾经是美国最大的连锁影院之一的所有者。根据他的经验,他认为这种情况根本不应出现。电影院可以和制片方共享电影放映的收入,百视达的商店为什么不可以和制片方共享音像品的收入,而非得从制片方手上购买呢?磁带或者DVD的成本非常有限,商店应该需要多少就能拿到多少。雷德斯通去好莱坞(Hollywood)重新商谈了这一交易,商店因此获得了新的影碟,所有的问题都得到了解决。对于那些没有行业知识,没有相关"保留曲目"的人来说,这些问题就会成为不可逾越的障碍,而对于雷德斯通来说,它仅仅是一项需要协商的简单任务。

欧洲工商管理学院(INSEAD)教授伊夫·多兹(Yves Doz)和时任诺基亚公司(Nokia)高级副总裁的科索宁(Mikko Kosonen),曾经研究过这个现象。他们以十家高新技术企业为样本进行研究,重点研究一些公司特性,这些特性能使公司随着技术变化及时改变自身机制。[4]他们在广泛调查的基础上,得出了一些结论,这些结论与我们关于内部局外人的讨论有着重要的关联。他们认为,CEO可以依靠专业的执行能力将一个公司从崩溃的边缘挽回,但是他/她如果想要带领公司成长,就必须了解公司的产品。

在某些情况下,例如服装,了解产品意味着了解产品是如何生产、销售和使用的。在其他情况下,比如蜂窝电话,相关知识还要延伸到零部件技术。还有一些情况,生产过程是关键。在戴尔公司(Dell),不可或缺的知识包括采购、装配和物流。[5]

曾经有过一项研究,对象为通用电气公司的20位管理明星。这些管理人员皆被其他公司聘为CEO。这项研究印证了行业或产品知识的重要性。[6]如果有人深谙基本的商业流程,那么他/她很有可能是通用电气公司的一位资深管理人员,在这家世界人才工厂接受了10年以上的培训。然而,这项研究的主持者得出结论,相关知识只有和新环境相联系才能发挥作用,如果不能与新环境发生联系,也就没有用武之地。

作者提供了几个诠释这个结论的例子。约翰·特兰尼(John Trani)曾任职于通用电气医疗部门和塑料制造部门,在这两个领域都取得了显著的成就。但在他调至史丹利公司(Stanley Works)后,表现就黯然失色。有证据表明,特兰尼之所以被新公司雇用,仅仅由于他是通用公司最好的经理之一。[7]但是他的经历对于经营一个工具领域里的品牌公司

第三章

没有什么帮助。

同样的事情也发生在拉里·约翰斯顿（Larry Johnston）身上。他从通用电气的家电部门调至食品零售巨头艾伯森公司（Albertson）后，业绩平庸。说到底，特兰尼和约翰斯顿是一流的管理者。但是他们的知识和管理风格不能满足新局面的需求。这对于局外人来说是一个非常残酷的挑战：他们已有的"保留曲目"并不能适应新的环境。

为什么要"知情在行"？

对理想的内部局外人的另一个要求就是知情在行。

每个组织都有我所说的"行政遗产"，尤其是一些有规模和历史的组织，比如说，一千甚至更多的员工，十年甚至更长时间的运营。这里面所包含的知识对于任何一个寻求管理变革的人都是非常重要的。最简单地说，"行政遗产"主要是指做事的方法：计划和预算是如何准备和审核的，评估业绩和实施晋升是如何做的，薪酬和激励是如何体现的。另外，"行政遗产"也是了解人们怎样谈论或不谈论这些事情的重要方法。

"行政遗产"还包括各类关系，既有人际关系，也有组织间的关系。有时，在组织之间或者其经理之间，存在着长时间的对立关系。特别是当组织经历过并购之后，这些遗留下来的冲突对于经理们来说有着重要的意义。

从逻辑上讲，行政遗产同样也延伸到个人和组织的声誉。成功和失败的影子会在其经济效应已经消失后依然长期存在。不管正确与否，经理们总是认为研究部门是专注于某种特别技术的。因此，他们基本上（或被认为是基本上）支持任何有利于技术进步的事务，而反对任何阻断或取代此项技术的事务。前任经理可能花大价钱聘请了顾问，引进了一套工作程序，但并不成功。显而易见，接手的经理在雇用同样的顾问、引进相同的工作程序之前，必须对此背景有所了解。

隐藏得更深的家庭和部落关系也是行政遗产的一个关键部分。在美国以外的一些仍以家族企业为主要所有制形式的地区，家庭之间的关系尤为重要。例如，买卖双方的合作关系，就可能是通过婚姻关系来建立和促成的。在进行变革之前，非常有必要了解这些事。

所有这些因素都会影响管理者是否在行。当然，正如约翰·斯卡利在苹果公司寻找可以帮助他实现理想的内部人时所发现的，你可以由不在行变得在行，但是需要时间，而你并不会永远都拥有"时间"这个奢侈品。

知情在行的内部人

获得晋升的内部人已经拥有了一定的声誉。他/她会有一大票信任和尊敬他/她的好友。他们会尽力帮他/她成功。因为他们相信他/她很有能力，明白即时之需，也知道如何处理和解决问题。安妮·马尔卡希（Ann Mulcahy）在一项哈佛商学院针对她获任 CEO 职位所进行的案例研究中，描述了在她接手施乐这个烂摊子后的关键时期内，同事们是如何给予她帮助的。[8]他们在艰难时期提供精神上的支持，并在马尔卡希不擅长的方面给予了强有力的帮助。当然，这并不是简单的利他主义行为，这些朋友们都会从组织的成功中获得利益。当一个富有才能的同事获得了晋升，他们共同成功的机会就增加了。他们期望新的 CEO 会继续出色地管理，这成了一个自我实现的预言，使得她可以顺利地开始。

在组织需要变革时，在行的内部人懂得如何与组织内至关重要的精英们通力合作。这个领导者也知道谁是可以为完成任务效力的专才。他/她清楚必须征求谁的意见，他/她也明白如何与他人分享自己的观点。同时，他/她懂得如何获得帮助，甚至能够从反对者那里获得帮助，因为他/她能够让那些人得到团队的归属感。

第三章

不知情在行的外部人

外部人上任时,上文所说的这些优势他们一项也没有。不管他们是否拥有牢固的基础知识,他们缺乏对公司行政遗产的了解。如果他们先前只拥有一家公司的工作经历,而那家公司还有强大的企业文化,就更是如此了。例如,只在 IBM 和通用电气供职过的人会理所当然地假设新公司的运营方式和他们以前的公司没有什么不同。他们认为:"难道不是大多数企业都想效仿我以前任职的那个杰出的公司吗?"

但这种想法是错误的。不知情在行的外部人不知道自己有多无知。新来的管理者稍不注意,就会错过一些关于公司重要文化的微妙暗示,在烧三把火时,也非常容易轻视组织中真正重要的文化元素。

通过戴姆勒和克莱斯勒合并的悲剧,我们可以看到一个不熟悉公司业务的局外人所能造成的破坏。两个公司的管理方式完全不同。戴姆勒(Daimler)有着庞大的职工队伍,严格按照岗位职责工作;与之相反,克莱斯勒(Chrysler)倾向于直接的沟通和更多的授权。德国人午餐时间很长,也工作到很晚。美国人经常整晚工作,但白天工作时间很短。当戴姆勒的 CEO 施伦普(Jürgen Schrempp)在他底特律(Detroit)的办公室里喝着酒、抽着雪茄时,以保守为基调的克莱斯勒管理团队心中不忿。

这种区别有些看上去仅仅是表面的不同——但事实上,它们会导致一系列的误解、沟通失效以及更深层次的后果。多年之后,戴姆勒始终未能从兼并克莱斯勒中获得所期盼的利益,究其原因,大部分是由于他们之间互不信任。

我们通过菲尔·凯西(Phil Casey)的例子来轻松总结一下这部分。菲尔·凯西在美国钢铁公司担任 CEO,他曾经任职于美国钢铁公司日本所有者旗下的伯明翰钢铁(Birmingham Steel),职位是 COO。菲尔·凯西对美国钢铁公司的情况基本掌握,但在刚刚上任不久,他就犯了一个不在行的错误,所幸这个失误给他带来了好运。在他抵达美国钢铁公司在坦帕(Tampa)的总部后,他立即宣布,出于保护健康的考虑,美国钢铁公司的办公室禁止吸烟。他后来承认,自己未曾仔细斟酌,办公室里吸烟最严重的就是那些所谓的"股东代表"——日本经理们。"非常幸运的是",菲尔·凯西在一次采访中告诉我,"日方决定将公司的控制权由东京转到坦帕"。[9] CEO们站在灯光四射的舞台上,他们的所作所为都会被视为一种信息。要了解其语言才能确定信息的含义。这也就是我所说的"打好基础"和"知情在行"。

拥有领导才能和领导欲望

让我们稍微深入讨论一下领导者的素质和领导力。

丘吉尔说过,"拥有自信是一回事,将你的自信传达给不喜欢你的计划的那些人,以及那些对自身见解有着同样信心的人,是另外一回事"。[10]

换句话说,领导力就是带领人们去制订和执行一个成功的计划,即使他们不能肯定你的选择是最佳选择。他们会采取行动,因为他们相信,和团队一起朝着你的目标努力要比继续争论好得多。

注意,丘吉尔并没有告诉人们需要做什么。有些人似乎只相信自己的一套,因而对其他计划心存疑虑。他强调了向这些心存疑虑的人传递信心的重要性。在丘吉尔掌权后,他关于人们应该警惕希特勒的告诫得到验证,这大大扭转了人们根据他在一战期间和之后的表现所形成的,他总是把事情搞砸的看法。实际上,他在很多权力阵营里仍有对立者——但是他还是成功地向人们传达了信心。

在军队中,指挥链迫使士兵们无条件遵守(合法的)命令。基本训练

第三章

的目的就是打破士兵对命令的内在抵触。但就算是在军队组织中,说服力也是最重要的。将军们通过一连串令人信服的愿景向士兵们传递信心,说服他们将生死置之度外。部队一旦对他们的领导有信心,他们就会英勇善战。当他们不再信任领导时,他们的战斗力就下降了。

当然,企业和军队是不一样的,但是一些关键的动力是相似的。首先,企业领导必须有远见。其次,他必须能够以一种吸引人的方式将愿景表述出来。领导者必须知道什么是重要的,将它们用简洁的语言和充沛的激情表达出来,以获得他人的认可。

领导们可以排除混乱和嘈杂背景的干扰。他们找到至关重要的事,并将这些事放至最显著的位置,即便存在很多令人分神的事情。

在这种情况下,几乎总是需要领导者做出选择。选择最重要的事并不意味着忽视复杂的信息,也不意味着回避冲突。伟大的领导总是广开言路、广泛倾听。[11]但是他们总会选择在适当的时间富有激情地表达自己最终的决定。古代波斯国的居鲁士大帝(Cyrus the Great)说,"建议要多样,命令要统一"。

做出选择后,领导们不厌其烦地进行解释。他们找到可以帮助他们实现愿景的人,制订具体的行动计划。无论何时,只要有可能,领导们就会和这些人严肃地、面对面地谈话。他们将自己准备推广的行为树为样板。我最喜欢用的一个例子是马库斯·西夫(Marcus Sieff)。他是马莎百货的董事长。1975 年,他曾对董事会解释过,为什么他上下班需要花更多的时间在路上。他是公开主张节约能源的人。他告诉董事会:"提倡节约能源的天使长开车超速被罚,这可不应该。"[12] 用美国的方言来说,优秀的领导者要"身体力行"。

愿景及其表述

了解产品概况和生产过程的运营经理们制订出计划,而领导者的愿景帮助确定计划中的重点。第二章中描述的约翰·斯卡利在苹果的经历,反映了一个不能带领自己的组织将愿景转变为现实的领导者所存在的问题。的确,他在生产和营销史蒂夫·乔布斯的麦金托什机(Macintosh Computer)方面取得了巨大的成功。但是他未能有力回应公司所面临的战略挑战。过了很多年后,他才意识到,只要苹果采用的是封闭系统,他的成本结构就会相当高昂,应用程序菜单功能也会受到很大的限制。

工作中还有更深层次的问题就是,不能将愿景与其具体的实施很好地联系起来。关于网络计算机,斯卡利有一个非常具有吸引力的远大计划,可以使计算机在家中和学校里使用起来非常方便舒适。但我在与苹果经理们的访谈中得知,斯卡利一直无法有效地表述其愿景。他进行激情洋溢的演讲,听者众多,但在选择公司应在哪个研发方向上进行投资时,他从未给过必要的引导。同时,他引进了一些外部人来协助自己管理颇难控制的苹果团队。这些人其实看不起周围那些长头发员工。(苹果的技术人员倾向于不修边幅,穿着随意,留长发。——编者注)

在传达了愿景之后,领导者就应该让自己的直接下属负起责任来,即使这种负责有时意味着需要解雇一些关键的管理人员。当 CEO 决定实施新的战略时,他/她可能会非常惊奇地发现,全新决定自然而然地带来高层管理团队的改变。在几个聘请我做顾问的项目中,我曾经询问过他们的 CEO,是否了解实施新的战略需要改变原有的工作团队,一些人将会离开。无一例外,这些都是非常优秀的团队。所以对此,CEO 们普遍都持有怀疑态度。

然而,无论如何还是会有员工离开。比如说,一个必须在整合市场的行动中起关键作用的部门领导不愿意参与任何撤销或合并该分部的工作。(他就不得不离开。)再举个例子,一个战略研讨会上曾经出现过这种情形,在七个关键的管理人员中,只有一个真正愿意开发新战略。

第三章

(其他的六个人就不得不离开。)

你必须有领导的欲望

显而易见,你必须有领导的欲望。如果你要赶走那些和你很亲近的管理者,或者是过去把你的标准束之高阁的人,你就必须拥有领导的欲望。你必须充满激情地相信挑战的重要性。你必须乐于做出牺牲,并懂得如何让其他人做出牺牲。

伟大的领导者们都是这样做的。维多里奥·默洛尼(Vittorio Merloni)依靠一群跟着他工作了20年的管理人员创立了默洛尼家电品牌,从零开始,成为了一个欧洲的领导者。然而,当他认为需要新的领导团队后,他辞去了CEO的职务,以董事长的身份挑选了另一个专业的CEO。那位CEO上任以后,解雇了大多数前任高层管理人员。最初几年公司增长缓慢而且没有挣到多少钱,但随后公司蓬勃发展,在异常困难的市场中创下了新的赢利纪录。在前面的章节中,我曾提到过商业才智与激情。杰出的领导者是富有进取心的。他们想要领导。棒球教练们非常欣赏在艰难的情况下都想要拿到球的投手,而优秀的领导者都想拿到那个球。

发现变革的需要

虽然我将内部局外人的这一特征——发现变革的需要放到最后来阐述,但是这也可以说明,这个特征是最重要的。

很多企业CEO的内部候选人都拥有扎实的基本知识,丰富的行业背景,并且有领导的欲望。但问题在于,他们并没有发现企业需要在多大程度上进行改变。而这一点,讪笑一下,恰恰是局外人的一个优势,虽然由于他们对该企业了解有限,他们将愿景转变成计划,以及将计划转变为产出的能力也有所局限。

为什么优秀的内部人就不能发现公司需要什么呢？部分答案在于他们更了解那些占据了他们日常工作的琐事。首先，他们被琐碎的执行捆住了手脚。组织的业绩依赖于大量的劳动和付出，而且，正如我在第二章曾引用过的肯·安德鲁所说的，这些内部人对实际产出负责，而不是对计划负责。因此，他们花很多时间来处理事务，并确保在需要的时候可以获得帮助。

因为他们关注计划的执行，所以花大量的时间与那些对计划结果产生重要影响的人谈话：重要的经理、供应商，以及顾客。也就是说，他们会对做哪些事情可以让业绩更好比较在行，这些事情可能是更低的成本、提升的质量、更高的销售额。他们擅长测定组织的能力，所以他们知道做哪些事更有可能成功。他们深知创新的艰难：为什么研发新技术不像描述的那么简单？为什么申请在生产中用玻璃代替塑料需要一年，而不是一个月？为什么同样使用西班牙语的两个国家——阿根廷和墨西哥却有着不同的市场？他们知道很多事不能做的原因，因此他们对计划的传达实施有专门的跟踪记录。

我们再来看一下维多里奥·默洛尼的例子。柏林墙（Berlin Wall）倒塌后，他向他的公司宣布，欧洲已经从里斯本（Lisbon）延伸至莫斯科（Moscow）。公司先前准备建立一个跨越全欧的集团，开发疾速一体化的欧共体市场，现在不得不转而应对更加多样化的市场，其规模将扩大到几乎是原来的两倍，而且必须立即着手建设。

当大多数西方企业的领导者坐视前苏联的各成员国以及它们的混乱状态时，默洛尼看到的却是顾客，这些人一辈子被剥夺了用上好家电的机会。当其他企业只看到犯罪和腐败时，默洛尼却看到了机遇，他通过下属的尝试发现把工厂卖给苏联人是个好主意。尽管默洛尼拥有那么多优势，但他还是花了十年的时间才挤入前苏联阵营，成为一个制造

第三章

商(作为一个内部人并不轻松,只是比外部人要轻松)。如今,他的公司控制了俄国及其周边邻国的超过 40% 的市场份额并且赢利颇丰。

我仔细观察默洛尼有三十多年了。他将技术和市场的变革视做采取变革行动的发令枪。有时候,开发新机遇的过程耗资巨大,他曾经失败过。但是他汲取教训,从中学习,而且总是能够把事情做得善始善终。所以他能够带领公司从 1975 年的濒死困境中走出来,成为今天欧洲第二大家用电器制造商。

对变革动力的误解

另一个洞察变革重要性的领导者的例子就是亚历克斯·达尔贝罗夫(Alex d'Arbeloff),泰瑞达(Teradyne)的创立者及前任 CEO。泰瑞达是一个半导体测试仪器的领先制造商。1998 年,就在他把 CEO 职务让给一个内部人之后,他得出了这样的结论,软件业日益增长,逐渐成为 IT 行业产品的核心。换句话说,未来技术不断跳动的心脏将会是操作和应用软件系统,而不是微处理器。他认为这个倾向将会限制泰瑞达的发展。

为了进一步探索自己的这个发现,他找到了五位小型企业的领导,这些领导都来自崭露头角的自动软件测试行业。随后他将五个小型企业整合,成立了一个叫做 Empirix 的公司,并且招聘了一位 CEO,提供资金,并成立了董事会来培育新的公司。

到目前为止,情况还是很不错的。但是,当这个点子得到实施,Empirix 发展了、赢利了以后,泰瑞达的新领导却认为 Empirix 使企业偏离了核心业务,要求达尔贝罗夫带着他和他的边缘业务重起炉灶另开张。如今,Empirix 作为一家私人公司,持续发展并不断获得利润,然而泰瑞达还在高度竞争的市场中奋力挣扎——正如达尔贝罗夫所预测的那样。

当然,我们还不能预期 Empirix 的长期经营状况。但是我们注意到,被提升来掌管泰瑞达的内部人将注意力放在Empirix"不合适"这个假设上。他们固执己见,并没有听取公司创立者的忠告(达尔贝罗夫对Empirix的发展有着相当完美的计划)。他们根据目前公司的业务状况,对未来的预测大打折扣。作为内部人,正确认识变革也可能是非常困难的。

过去,对待一个批评的或反对的观点的办法就是将其归类为"创业观点"。将其这样归类,也就等于将其定义为一套普通经理们不期望拥有的心理特征。但真正卓越的企业家会具有这些特质——因为这是他们与生俱来的。拥有这些天赋的幸运儿如果成为优秀的管理者,那么他们就会取得成功。

如果"创业观点"只是企业家的事,而不是管理者的事,世界就不是今天我们所看到的样子了。伟大的领导者一定是批判者和反对者,如果他们又是好的管理者,或者能受助于好的管理者,他们就会成功。今天的世界变化如此之快,靠渐进的改良已不能实现持续的成功。你必须在自己的环境中抓住像Empirix公司这样的机会,而不是将它从公司结构中剥离出来。这就是你的机会。

对未知的恐惧

领导者们之所以未能发现变革的需要,原因之二就是因为他们恐惧。

通常,他们可以很好地评估变革的代价,但是他们却无视其可能带来的利益。如果他们询问自己的同事或者顾客对于变革的想法,他们很有可能得到一些关于净成本和明确收益的负面估计。

克拉克·吉尔伯特(Clark Gilbert)对颠覆性技术引发的战略回应进行研究,他的研究成果很好地说明了这一点。[13] 吉尔伯特从报业集团的领导身上了解报业集团如何回应网络引起的挑战。美国报纸产生的税

第三章

收70%来源于广告收入,其中一半来自分类广告,大多数是求职类广告或是汽车类广告。但是新技术危及并有可能颠覆所有这些状况。

最初,一些出版集团将视频文字视做一个机遇。他们投入了相当的资本,但发现很少人愿意用这种方式来阅读新闻。

接着,报纸出版商们发现——互联网对于他们的"生计"有着直接的威胁。一旦他们认定互联网的威胁是存在的,他们的对策就是将所有的资源都交付给最强的出版商集中领导。然而,非常不幸的是,那些最强的人却将报纸放到了互联网上。鲍勃·英格尔(Bob Ingle),《圣何塞信使报》(*San Jose Mercury*)的出版商,回忆当年的情况说:"在可视图文上,我们损失了6千万美元。1978年,我们意识到了互联网的威胁,发起了改革,然而直到1986年被迫结束这项业务,也没有改变过一次战略。可视图文的教训使我们认识到,读者对于'电子'报纸的消费倾向并不大。但当我们推出自己的网站时,我们很快又忘记了先前的教训。"[14]

即便是一些内部人,当他们看到更有前途的商机时,往往也对其他东西视而不见。正如《纽约时报》(*New York Times*)网络版CEO马丁·尼森霍茨(Martin Nisenholtz)所说的:"在我到任前的一个月,我非常积极地思考自己对未来的看法,我认为这个报纸不仅仅是一个'网络报纸'。我记得那时我和报纸的CEO谈过,将报纸全盘复制到互联网上是毫无意义的。但在那以后,我还是在网上看见了原封不动的报纸,这样的事还是发生了。"[15]

换句话说,在很长一段时间内,运营经理们仍然引导报纸走进误区,以为将新闻传到网上就意味着机遇,而不去考虑彻底改变业务的运营方式。

吉尔伯特对于公司领导层的研究发现充分印证了心理学家们关于个体的发现。当我们人类察觉到一些创新的机遇,我们就可能用一种很特别的方式去尝试它。我们会做一些实验,而不是全身心地投入这个新的发现。可想而知,不用心的实验结果必然是无趣的。这样的结果往往也不能激励我们继续实验下去。"每过一阵我们都会偶然发现真相,"马克·吐温(Mark Twain)说,"但是通常我们会继续上路,就好像什么也没有发生过。"

但是心理学家告诉我们,如果我们受到了威胁,我们的反应会完全不同。我们会相当专注,并且用自己最擅长的行为方式来保护自己(在非常重要的场合,音乐家不会去演奏新曲目)。怎样将这种自卫的反应转变成具有创造性的实验;这是一个需要研究的问题,它也最有可能帮助我们找到有效的新途径。

如上文所述,这有违人的天性,非常难以做到。但是有些领导却做到了。还举吉尔伯特的例子,最终,一些报业的领导者们认清了形势并着手开发真正的机遇。他们将自己的网站变成许多好看的门户,消费者们可以用各种各样的方式使用这些门户。虽然他们比不上领先的"门户"网站那样做得那么强,但至少他们进步了。《纽约时报》2001—2005年的收入增长中45%来自它的网络业务。案例研究揭示,《时代周刊》(*Times*)的出版人阿瑟·萨尔斯伯格(Arthur Sulzberger)和《波士顿环球报》(*Boston Globe*)的内森·泰勒(Nathan Taylor)是影响这次关键性转变的核心。这些领导者到他们的组织之外去挖掘新人,这些新人能够充分利用网络运营所带来的机遇。

简单地说,如果领导者的行动被恐惧所主导,他们就不能强有力地探索他们所察觉到的变革需求。不知如何前进会使管理者瘫痪,同时也使他们有机会边干边学。

在我写完上面几段的那天下午,我随手拿起最近一期的《经济学家》(*Economist*)杂志并且阅读了一段描述宝洁公司 CEO 雷富礼(A. G. Lafley)的文章,他被杂志称为"后现代宝洁呆瓜"。[16] 文章为我所描写的内部局外人提供了一个相当完美的例子。《经济学家》写道,雷富礼在宝洁公司经历了相当低迷的几年之后受命于危难:

第三章

　　对于一个保健品行业的标志性企业来说,那是一个令人吃惊的任命……雷富礼先生几乎全部的职业生涯都在宝洁公司度过。在美国中西部辛辛那提(Cincinnati),选择一生在宝洁这样的大组织里工作,这样的人过去被贬损地形容为"宝洁公司的呆瓜"。但是雷富礼先生,如果也算是一个呆瓜的话,那么他和他的前辈相比完全是个异类。他曾在纽约州北部的一所文科学校,汉密尔顿大学(Hamilton College)接受教育。稍后他获得哈佛商学院 MBA 学位……所有这一切都是在远离辛辛那提的东海岸完成的。

　　雷富礼先生在宝洁公司的生涯不像传统的那样关注脂肪类产品和肥皂〔公司发明了卡美(Camay)香皂和品客薯片(Pringles)以及"肥皂剧"(Soap operas)〕。在 20 世纪 90 年代早期,他带领在亚洲市场非常有限的宝洁公司跳出了日本神户(Kobe)。从那以后,他就掌控了世界的美容业。不仅如此,亚洲以及美容业从此成为他制定公司发展战略之根本。

　　或许,也是雷富礼先生发自内心超越传统的"宝洁呆瓜"品质,帮助他引导公司文化走向了新的方向,因为宝洁公司无论是在产品方面,还是在地理方面,都有所转变。[17]

　　宝洁公司在 20 世纪 90 年代末预计,到 2006 年时,中国以及美容业将是公司的发展方向,事实证明这是很好的方向。洗衣清洁剂的家用普及也日益显著。但是联合利华——宝洁强劲的竞争对手在中国重重地摔了一跤,虽然它在起初是领先的。联合利华在全球美容业市场已经被远远地抛在了后头,直到最近多芬(Dove)的迅猛增长,才带来一丝希望。雷富礼拥有远见以及牢固的专业知识,他还有管理技能以及领导欲望,用他的例子来结束这一章是再恰当不过了。

第四章 塑造内部的局外人

很少有组织拥有超过一个合法的内部候选人,而越来越多的组织根本没有培养合适的接班人选。

——史宾莎(Spencer Stuart)公司　汤姆·内夫[1]

汤姆·内夫(Tom Neff)在美国一家一流猎头公司担任顶级CEO探访员,给美国最重要的一些公司在选择下任CEO时提供咨询服务。我以内夫惊人的阐述作为本章的导语,因为大多数人都不清楚公司面临的接替问题有多严重。人们总是认为大多数公司都有现成的CEO接替计划——然而,正如第一章中所提到的,60%的公司都没有。

我也非常赞同内夫的话,因为它开始引导大家注意一种"过程"——即他所说的"培养"——这是CEO顺利交替的必要前提。

培养下一代领导是需要注意很多细节的,足可以写出一本类似管理学基础的书。但是正如内夫所揭示的我们往往忽略了这些基础。

为什么会这样呢?

原因之一就是,在当今高度竞争的市场中,管理的重点在于业绩。对于"业绩",管理者和华尔街将其定义为"创造股值",换句话说就是"抬升股价"。人们普遍倾向于关注这种特定的业绩,且将这种业绩与经理

第四章

的业绩相关联。在最近的一项调查中,80%的人力资源经理称自己的公司没有CEO接替计划,报酬与业绩挂钩。[2]

这不能算走偏——问责制度当然是好事——但要警惕它悄悄演化成唯业绩论。我们"按业绩付酬"。如果我们花钱雇用的人业绩不佳,我们就会辞退他/她,用其他有能力的人来代替。丹·齐安姆帕(Dan Ciampa)是一位作家,也是一位管理顾问。他认为在新上任的CEO中,五分之二的人在18个月内就丢了工作。[3]

在这样的情况下,培养的过程必然被忽视、曲解或者阻挠。对于很多业绩导向的公司来说,培养管理层意味着勉强找到能够运营目前企业的管理者。只要公司的业绩"足够好"——并且能够找到固定的人来维持这种业绩,它们就认为自己足够幸运了。由于人才的缺乏,人们总是任职于公司最需要他们的地方,而非将来能够获得最大发展、更好地为公司效力的岗位上。这种用人过程不是识别和培养将来的领导干部,而是大材小用。只要公司业绩好,就万事大吉!

培养一个成功的内部局外人远远不止这些。这有点像培养孩子:非常复杂、饱受挫折,但很值得。它的效果只有在长期才能显现出来。它需要投入巨额的资金、长时间的管理和充分的耐心。

在20世纪50年代晚期,我从哈佛商学院的一个高级官员那里听说了一位研究助理的事。他参加了通用汽车公司的一个会议,是由传奇人物小艾尔弗雷德·斯隆(Alfred P. Sloan Jr.)主持的(那时,通用汽车公司远不是世界上最强大的汽车公司)。会议中,委员会批准了一个管理人员申请一千万美元建设厂房的建议。在当时,这是一笔巨大的资金。

"斯隆先生,"研究者问,"你一定认为这个点子很好。"

"不,年轻人,"斯隆先生据说是这样回答的,"事实上,我有很大程度的保留。"

"但你为什么要同意呢?"

"年轻人，"斯隆说，"你不知道培养好的总经理是多么地昂贵。"

培养领导是接替管理工作的核心；这是公司运营的一部分。如何招募人才；公司的组织结构如何；业务是如何规划和衡量的；资源是如何分配的；怎样评估管理层并给予反馈；这些是所有管理系统的核心元素，也是培养领导的关键活动。你不能将这个过程全部交给人力资源部。帮助好的内部人培养一种外部视角尤其困难，而且这个过程对于每个人来说都是独一无二的。这需要因人而异，而人力资源部门的人讨厌这样。事实上，这是总经理的任务，不能请人代劳。总经理可以向别人寻求帮助，但是不能放弃这种责任。

哈佛商学院曾经为管理人员们开办过一个综合管理课程。我当时是课程主任，偶尔会凭借自己以前的经验，与资深管理人员和他们的人力资源经理们谈论关于培养CEO的话题。谈话的具体内容都是不一样的，但是我经常听见的那些重复的事却令我非常惊讶。诸如："哦，是的，鲍尔教授（Professor Bower），我知道哈佛有一流的综合管理课程。但坦白地说，课程的时间太长了，并且每次课程只能对某一个人有所帮助。不过反正我们的CEO与老州立大学（Old State，即麻州州立大学。——编者注）有着紧密的联系。因此，每年通常我们都有40个人在那边上课。我们都很清楚地知道，他们教学的质量并不好——事实上，格洛茨教授（Professor Glotz）在过去十年的授课中，几乎每年都在读相同的教案，但是他们的课程只有两周，我们可以一次让很多人都去听课。"当然，我是向着哈佛的，也绝不愿听到老州立大学会在这类专门课程上超过哈佛，但是这样的事不得不让我们仔细思考！

通常，那些临到管理层换班还没找到明确候选人的公司会很抓狂。"亚历克斯将会非常优秀，"他们说（通常会与一个房间内的另一人谈论，比如说我），"但是我们从来没有培养过他的财务和决策技能。"

于是，这些公司非常典型的做法就是，首先确定亚历克斯是最好的

第四章

候选人,将他与一个外部候选人做比较,发现他的确有重要欠缺,但是最终决定让亚历克斯边学边干。我把这个过程比做"瞎子泊车"。你往后倒车,撞到了后面的车,接着你又往前开,撞到了前面的车。你不停地重复这个过程,直到你把车停好。不管是公司,还是候选人,接班这件事对于双方来说,成本都是非常高的。

要想出色地完成接班管理,你就必须这样管理公司——每个在组织内晋升的人都一步步地学习如何去领导。显然,公司帮助他们在职业生涯的不同舞台上学习到了不同的东西,但这是一个持续的培养过程。

让我们再次回到这本书的主题:管理公司的方式就是管理接替的方式。这涉及公司如何对待独立思考者。窍门(如果这个词恰当的话)就是招募一个有才能的多样化的团队,接着,在不破坏它的多样化创造潜能的情况下,充分培养和发展团队成员的才能。过一段时间,他们就能学着有效地管理公司的战略、系统及文化,换言之,他们就会成为优秀的内部人。他们中的佼佼者将显示巨大的上升潜力,同时对即将卸任的领导的职位以及决定公司何去何从的董事会也会有一定程度的认识。培养具有外部眼光的内部人,是接班人培养过程的基本目标。

换言之,管理得当的接替过程就是有意识地培养丘吉尔这样的人。通用电气在培养杰克·韦尔奇的时候,就这样做了。

后面两章的论述会仔细研读这一思想。我在这里事先提一下,好让我们明确研究的方向。

从定义上来看,内部局外人不是泛泛之辈。在接替时,一套特殊技能重要与否是与当时的技术、市场以及世界局势紧密相关的。如果20世纪30年代全球经济经历的是一个和平增长时期,丘吉尔的才干也许就派不上用场了。因此,如果你希望在接替时拥有合适的内部局外人,那么在此之前,你就必须招聘一批多样化的管理人员。

关于培养内部局外人,应当着重培养那些具有潜能的人,他们具有过人的智慧和批判性的洞察力。对这些人应当培育而不是压榨。也就是说，橡果必须和大的橡树分开种，而且它们需要更多的水——他们需要贤明的指导。

指导者的一个关键任务就是去发现具有外部人洞察力的年轻管理人员，这样的人是非常珍贵的。指导者应当用一套建设性的方案来增强他/她的洞察力，例如，通过任务小组或者海外业务。当学员的老板过于难缠时，要允许学员以其他方式发泄累积的挫败感。对被指导者而言，学会和苛刻的人在一起工作很重要；对公司而言，它不想失去其潜在的"明星"。

这与把人扔到水里学游泳是迥然相异的。我听到一个关于小艾尔弗雷德·斯隆的故事，他认为新的工厂可能不会有出色的表现。事实上，如果他重视工厂的管理人员，他就会用心监督他们的发展并且适时干预，那么，最终结果会是问题被克服了，也吸取了教训，而不是毁掉人的职业生涯。

训练在培养内部局外人的时候作用非凡。它可以帮助他们仔细思考如何成功地实现自己的目标。一旦他们产生新的点子，他们失败的机会也相应地增多了。

换言之，新计划总是带着一系列的不确定性，这些不确定性是用来指导管理人员的良机；如果此时指导者只是与被指导者就短期目标讨价还价，就会错失指导的良机。未来领导者在争夺预算的会议上形成自己关键的特性。他们学习通过推动新计划以达到累积到量变，而不只是完成任务。完成任务只是商学院的功课。

这些简单的建议表明，如果在该行动的时候你才开始考虑接替这件事，那就太晚了。你会被选内部人还是选外部人弄得左右为难。亨利·沙赫特(Henry Schacht)，康明斯(Cummins)的去任 CEO 和朗讯的董事长，指出："接替本身就是一个过程，即使很多人不认为它是一个过程。

第四章

他们将它看做一个时间点。但是所有我经历过的接替以及这么多年来我重点观察的接替都是过程,并且它们都会持续一段很长的时间,比大家一般认为的或者比外部观察家所推测出的时间要长很多。"[4]

这一章的任务就是论述怎样利用公司的系统来培养领导者,尤其是具有外部人洞察力的领导者。以此为中心,我们首先从具体细节开始讨论,希望不要在基础管理方面讨论过深。

谁能经营我们的公司?我们的公司如何招募、培养、培训、评估以及再评估优秀的人才?当我们在经理身上发现那种独立思考者的特质时,我们如何帮助他们发展这种特质,让他们能够保持我所称的这种外部人的洞察力呢?

招聘

培养领导者的活动从你雇用那个人的时候就开始了。在大多数情况下,人们都被雇用来扮演一种特定的角色:扫地、收发邮件、维护网站、保管书籍、监管产品设计,或者做其他的事。虽然通过岗位招聘进入公司的人最终可能会升到重要的领导岗位,但公司的招聘过程往往不会考虑这一点。

一般来讲,招聘前要分析公司需要什么样的能力来填补空缺。这样的分析通常会得出"内容"特殊的答案:通用磨坊公司(General Mills)需要食品药剂师;杜邦需要化学科学家;纽柯(Nucor)需要冶金工程师。

但是,如果这些公司在招聘时,同时也需要长期的领导者,那么除了这些专业训练以外,他们还希望从应聘者身上找到什么呢?

有几种非常重要的特质是需要考虑的,比如智慧、原创能力、毅力、活力和效率,以及正直(我没有把"魅力"这个特质包括进来,因为它过于重要,而且通常只与最高层的招聘有关)。当你的公司在筛选药剂师——或是在筛选公司需要的人才时——同时也会考虑上述这些就长远来看能更好地服务公司的特质吗？如果不是，那为什么没有考虑呢？如果你不去寻找，你怎么知道没有这样的人呢？

让我们来看一下两个截然不同的公司的例子（它们在招聘时都会考虑这些问题）：凯南系统（Kenan Systems）和通用电气公司。

凯南·萨辛（Kenan Sahin）是一名毕业于麻省理工学院（MIT）的工程师和教师。他于1982年创立了一个非常成功的软件公司，即凯南系统公司。他主张其公司招聘具有AAWE特质的人，AAWE的意思是——智能（aptitude），态度（attitude），好学（willingness to learn）以及经验（experience）[E有时也代表"其他"（extra）]。在萨辛看来，AAWE是对传统雇用模式的颠覆："传统的雇用广告总是以经验开头——'需要十年'的技术经验。我将经验放在几个特质的最后，因为20世纪80年代以后，技术更替越来越频繁，对某些东西具有超过十年的经验毫无用处。"[5]

智能是第一位的，因为萨辛就需要非常聪明的人。在他所任教的麻省理工学院的课堂上，萨辛发现，非常好的学生开始学习一门课程的时候知道得相当少。在很短的几个月里，他们就可以和教授们相媲美。这让萨辛更加坚信，在技术快速革新的今天，从长远来看，智能远远比知识或是经验来得重要。为了得到智能很高的人，凯南系统仅在名列前茅的大学招聘员工，并且只面试GPA（平均分。美国的GPA满分是4分。——编者注）3.5以上的学生。

态度是第二个标准。公司寻找具有乐观的"我能"态度的人才。这些人相信团队合作以及建设性的协作。公司不愿招聘那些愤世嫉俗的人或者是怀疑世界的人。好学也是至关重要的，部分原因是由于萨辛了解太多非常聪明的人——即使是年轻人——却失去了对新事物的好奇心。最终，经验，或是一些除了智能、态度以及好学之外的东西，也是需

第四章

要的,虽然不是决定性的因素。

　　杰克·韦尔奇领导下的通用电气公司就持有很不一样的观点。通用电气的招聘机制与美国很多的学校保持着长期的联系。监督这些招聘过程的生产线管理人员们通常自己也是这些学校的毕业生。在20世纪80年代,通用电气意识到,从特殊的候选人中招聘将会有更好的结果,因此,它开始重新配置其招聘人员的来源。公司尽量避免与华尔街或是咨询公司争夺一流大学和商学院的毕业生,不愿凭空想象那些对管理事业感兴趣的人就是将来对通用电气公司有用的人。[6]

　　因此,通用电气从中部和东南部的公立大学和工程院校里招聘大量的员工。这些毕业生非常聪明,接受过良好的训练,而且雄心勃勃,通用电气可以把他们当中很多最优秀的吸引过来。事实上,通用电气相信,这些学院最好的学生都和东海岸学校的同等学生一样优秀。他们对通用电气"以结果为导向"的企业文化很适应。通用电气得以聚集英才,因为它有一支"负责内部顾问项目和公司创新活动的精英团队,这支团队由变更到领导岗位的前顾问组成"。[7]

　　凯南和通用电气的招聘方式截然不同,但每个公司都努力使招聘服务于招贤纳士的需求,并使招到的英才能够以契合公司文化和公司目标的方式管理公司。特别值得一提的是,由于杰夫·伊梅尔特重新关注通用电气在非金融业务方面的增长,革新需求凸显。招聘活动也进行了相应的变化。招聘范围涵盖了凯南·萨辛管理模式中所寻找的那种人才。战略和人之间的联系空前紧密了。

　　我们注意到萨辛在寻找优秀的通才。其软件开发部门的主任拥有MBA学位,而不是技术学位,但是这个主任在人人编程的圈子中成长——就像得克萨斯(Texas)和俄亥俄(Ohio)州的人都玩橄榄球一样。萨辛有一个多样化的团队。韦尔奇的通用电气,恰恰相反,寻找的是专业团队。这样的专业团队,我称其为"中西部工程师"。

凯南系统和通用电气的对比阐释了我们在设计招聘系统时需要考虑的问题,例如:

- 我们需要什么样的人?
- 我们愿意付给他们多少钱?
- 我们现在如何考虑到以后的需求?

让我们逐个深入探究这些问题。

我们需要什么样的人?

在考虑我们需要什么样的人这个问题上,可以有很多不同的标准,但是仍有一些共同的标准。教育很有可能是最明显的,并且是最容易确定的标准,因为它涉及关注某些学校或者学位。教育背景揭示的不仅仅是一个候选人在那个等级上的表现,同样也表明了候选人所经历过的社会化的种类。这个候选人所学的课程有多严格?他/她在过去的几年里生活和学习的环境有多少挑战性/多样性/激发性?

对于目标院校,你了解得越多越好。马里兰州(Maryland)的圣约翰学院(St. John College)有一个四年的、全校必修的课程,专修西方传统经典。并且,圣约翰学院网页上的社团生活也是与众不同的:"学生们对待课外生活的激情和强度就如他们对待学习一样,业余活动丰富多彩。这些活动既包括那些在大多数大学都有的:学生报刊、政治论坛、戏剧俱乐部,以及校内体育活动等;也有那些反映学生智力兴趣的:黑格尔(Hagel)阅读小组、拉丁学习小组,以及四月的柏拉图(Plato in April)论坛;还有特别的圣约翰传统活动:华尔兹委员会,安纳波利斯(Anapolis)槌球游戏以及圣菲(Santa Fe)的搜索救援团队。"[8]

圣约翰学院的例子或许有点极端,但非常有趣。一个到圣约翰学院来招聘的招聘人员期待(或是应当期待)一些不同于他/她在马里兰州附

第四章

近的大学或者美国海军大学(U.S. Naval Academy)所发现的东西。

但是学校和学位只能说明一部分问题。常春藤盟校(Ivy League)毕业班的顶尖学生和纽约城市大学的最优秀毕业生差异是很大的。如果后者出生于下层家庭,一路奋斗脱颖而出,那么他/她所付出的精力,他/她所具有的才能,可能要比与他/她有着相同成就,但出生条件更好的人多得多。业余活动也可以说明很多问题:一个当过橄榄球队四分卫的人可能比当右边锋的人有更多创业能力;在学生会和戏剧社团中的角色也能显示出类似的区别。

在美国以外的国家,或许我们还要考虑一些其他的因素。例如,有很多国家,虽然现在已经有了一定程度的民主,教育仍扮演着分拣器的角色。换句话说,能进入那些企业和政府领袖辈出的名校,往往就意味着较高的社会地位和财富。

在法国,巴黎综合工学校(École Polytechnique)和国家行政学院(École Nationale d'Administration)出了很多领导人。在英国,牛津和剑桥毕业的学生总是占据国家的主导地位。在日本,很多决定仍然是东大(Todai,即 University of Tokyo,东京大学)学生社团俱乐部的产物,上至国家政府部门的高层,下至很多公司的高层,都有大量的东大法学院毕业生。

在一些以学校划分能力的国家,这些学校是通向权力和影响力网络的万能钥匙。在一些国家,私立中学发挥着这样的功能。英国的伊顿可能是最著名的代表,还有美国的格罗顿(Groton)、埃克塞特(Exeter)、安多弗(Andover)和圣奥尔本斯(St. Albans)都扮演着相似的角色。[9]

并不是说公司就必须从那些地方进人。它们只需知道有这样一些人才库,而且对获得某些国家的某些职位来说,能够进入那些名校也是非常重要的。

除了正式的或非正式的教育以外,公司还必须寻找正直、智慧、活力、毅力以及幽默感这些特质。有时求职申请书中可以包含这些特质，但通常需要通过面试来发现这些特质。目前很多公司在招聘过程中，都会让应聘者参加心理测试，这样公司就可以对应聘者的个性做更加系统的评估。我承认，我曾经怀疑过这种测试，但是越来越多有趣的事实证明，这样的测试在筛选员工的过程中是非常有用的。不仅如此，当你以"态度"为主要指标进行招聘时，还会有意想不到的收益：它意味着更高的忠诚度和更低的员工流失率。

扎实的知识和经验或许很难获得。候选人到底对产品、生产过程以及行业的门道、顾客的行为有多少了解呢？简历上所写的业绩表现，有多少是候选人所处的团队或公司的业绩，又有多少反映了其个人的特质呢？

鲍里斯·格鲁伊斯伯格（Boris Groysberg）做了一系列极具吸引力的研究。研究证明：当"明星"员工们从一个出色的团队调至一个单调乏味的组织时，他们的表现会变差。[10] 那些"明星"们的支持系统给予他们强有力的帮助，"明星"们必须依赖他们的团队才能成功。我们同样也看到，一些人才工厂——例如通用电气——的高层领导者调至适合自己才能的公司，但是那些公司的管理基础却远远落后于他们原有的公司。无论是他们的直接下属，还是员工，都不具有他们原有公司下属们的能力配备。他们发现，他们缺乏进行管理所必需的信息以及机制。

我将这些受挫的"明星"们比做波音747的飞行员，他们发现自己身处单引擎的螺旋桨飞机中，机上没有仪表盘，于是他们发现自己根本不会开飞机了。当管理"明星"们是在一片混乱的情况下被公司雇用时，就更加无所适从了。

当然，这些发现加在一起并不构成一个人才招聘系统（聪明点的公司都有自己单独的招聘系统）。但是我希望，公司至少重视对自己招聘人才库的多样性的建设。顺理成章的起点包含这样两步：(1)知道你想

第四章

要什么样的人;(2)知道什么地方最有可能提供给你那些资源。

我们愿意付给他们多少钱?

你愿意为新招募的员工付多少钱,这取决于公司战略、岗位以及市场情况。大公司根据它们所处的竞争市场来设计它们的员工系统。事实上,如果你想要从前三名的会计学校中招收一个注册会计师(CPA),或从斯坦福(Stanford)或加州理工大学(Caltech)招收一个电子工程专业的硕士,那么你就应当考虑分别付给年级顶尖、中等和垫底学生不同的工资(当然对于其他学校的学生也是一样)。

当然,还有其他的人才来源。我知道的一家保安公司是这样来发展他们的组织的。他们雇用复员退伍的美国海军陆战队(U. S. Marine Corps.)成员来担任公司的干部。决定选择一种才能而不是另外一种,这在很大程度上是由公司的特定情况决定的。但是专业领域的公司愿意招那些在顶级学术环境中以出色表现证明了自己"非凡"能力的精英。其他愿意付给这些人高薪的公司往往只能挑剩下了的。

你付给新雇员多少钱,这个决定不仅仅是钱的问题,还有其他的利益。工作地点、公司在培训员工方面的声誉,还有一些其他的益处都包含在薪资中。既然人才自然流向最好的地方,我的银行家朋友的建议就是无可非议的:"如果你从事一项以才能定胜负的业务,并且你想要在那个业务中获胜,你要么高薪聘请精英,要么不干。"

所有这些都必须落实到公司开始招聘后所采取的行动,这些行动也就是我们下一部分要讨论的问题。但是让我们来看一个富有启发性的例子。这是一个非常特别的招聘和培养方式。2005 年 7 月《纽约客》(*New Yorker*)刊登了一则反恐特警部队的招聘广告。当时此事是由警察总监(Police Commissioner)雷蒙德·W. 凯利(Raymond W. Kelly)主管的。[11]凯利雇用了被重回政坛的布什开除了的那些最好的人才。他利用了纽约城的多样性——并且从此在他的警察武装中注入了多样性的元素——以构筑具有广泛的语言技能和多元文化的团队。他帮其部下与世界各地的反恐特警组织建立了联系——包括伦敦、莫斯科、特拉维夫(Tel Aviv)以及雅加达(Jakarta),使得纽约可以即时了解世界各地的大事。我们将其与联邦调查局(FBI)的情况做一下比较。在联邦调查局,语言技能相当缺乏,对监听内容的翻译仍然要求助于纽约警察部门。

在 IBM 统治计算机产业的辉煌年代,还有一个更古老的例子。女性开始在公司的管理层以及技术职称序列中崭露头角,随之出现了反对男性对女性的歧视和敌对行为的呼声。CEO 小托马斯·沃森(Thomas Watson Jr.)给他的团队写了一封措辞尖锐的信,提到 IBM 所面临的挑战是非常巨大的,竞争优势只能从组织的英才中产生,公司没有任何理由不打破种族和性别的桎梏去招收或提拔最优秀的人才。若有人违反公司政策,他将亲自一查到底。

这种强有力的姿态很快名闻天下。这也使优秀女性和少数民族人才的招聘容易了一些,而且经济了一些。如果人们确信你所提供的工作环境令人愉快,他们就不一定要求拿高薪。

我们现在如何考虑到以后的需求?

让我们暂停一下,确定一下在这章里我们讨论到哪儿了。我们仍然处在接替过程的开始阶段,寻思谁能在 20 年后成为我们所期望的 CEO。那么,我们现在又如何知道以后的社会需要什么样的才能呢?

事实上,除了先前我所列出的个人品质以外,我们几乎不知道以后的社会会对我们提出什么样的要求。我们只知道那些新的要求都是我们无法预期的。按照常理,如果你要为一些无法预期的事做准备,那么你最好还是广泛撒网,招收一批不同的员工来管理公司事务。正是在前期,你可能雇到那个有可能形成至关重要的外部人洞察力的内部人。

第四章

纽约市警察局的例子表明,有效招聘最关键的一个方面就是关注多样性。天赋、能力以及勤奋以各种各样的形式出现。不能和形形色色的人一起工作的组织很容易被淘汰。

这里有两条非常重要的原则。第一是尺度。过于单纯和简单是不行的。如果你倾向于在一个狭窄的圈子里招聘,你发现最聪明和最勤奋的人的可能性就会急剧下降。托马斯·沃森有力地说明了这一点:穿白衬衫的白人不再代表优秀。没有意识到这一点的公司领导,其公司更像一个社交俱乐部,而不是一个有竞争力的组织。

同样重要的还有第二条原则。这条原则是关于多样性对群体行为产生的影响。成员类型单一的群体可以高标准地完成一项日常工作,尤其是当这些成员都很聪明的时候。但是研究不断证明,当群体需要创造力时,这个群体就会受到我同事所说的"创造性摩擦"(creative abrasion)的严重干扰。[12] 多样化群体中的成员会学习他的同事对同一件事所做出的不同反应。因为他们从不同的角度来看待这些问题,可以提出新的解读。这些不同的视角增加了一个人见人之所见却想人之未想的机会。[13]

换句话说,如果人们真的想要寻找解决问题的新途径,肯定会经历某种程度的痛苦。哈佛商学院的一位名师,C. 罗兰·克里斯滕森(C. Roland Christensen)教授,总是强调社会学家们所说的"身份不对称"对于一个组织的良好影响。克里斯滕森认为,年轻人、老人以及不同背景的人的组合造就并维持着一个强大的团队。当然,每个团队成员也都获得了巨大的成长。

合理地延伸一下:当你寻找人才时,警惕团队将招聘政策固定化,只是为了团队的品质在选择人才,而不是选择未来的人才。当然,你不能忽视"合适"这个因素,但是你也必须防范"近亲繁殖"。

一旦你雇用这些不同的人,你必须确定他们具有同样的成长机会,并且受到公正的评估。你可能已经雇用了一些真正有自己观点的人,但是我们必须面对这样的事实:组织有办法让员工被同化。它们施加压力,这种压力可以扑灭年轻人思想的火花。它们如何施加压力呢?强求一致。有足够的资源让员工可以开动脑筋想点子,但是能够让点子成功的资源却很少(让其失败的迹象却很多)。消极进攻——"伟大的创意"——却得不到贯彻。每一本关于变革的书籍都花大量篇幅讲述这类障碍。未来的内部局外人必须悉心培养——有时就意味着不受组织内聪明老手的干扰。这些都是本章中的后续主题。

利用组织的良机

半个多世纪以前,彼得·德鲁克(Peter F. Drucker)发表了一系列关于管理和管理者的惊人观点。之所以说它们惊人,是因为这些言论不但大胆,而且有准确的预见性。下面这些话是我最喜欢的。"一个组织的结构必须使将来的顶级管理者能够接受培训和检验。在他们还年轻,有时间去获得新的经验时,组织必须为其提供自治的职位,让管理者们在此职位上体会到真正的管理责任心。担任副职官员或是助手并不能锻炼一个人承受独自决定的压力……仅仅培训还是远远不够的。(将来的管理者)负责管理整个业务的能力也应当得到检验。"14

德鲁克又一次一语中的。一旦你雇到合适的人,下一步就是让他们体验一系列的工作,锻炼他们的能力。公司的工作分配,以及规划和预算系统创造出相互作用的角色,这些角色就是经理们学习的课堂。(这也是斯隆所谈论的东西。)

让我们先来看职能间的协调,再来看层级间的协调,并探索一下这两个因素对培养潜在的领导者人选有何影响。稍后我们将具体考察计划和预算系统:这是管理者需要学习的另一部分内容。

第四章

职能间的协调

通常讨论的关于组织的问题就是如何设计的问题：通过对公司任务的分析，我们应当如何分配责任、权力和设计指挥链？

组织学家提出了一些相关的主张，诸如"权力与责任相结合"或者"决策权应当服从于决策机制"等。他们将组织视做一种建筑，组织可以固定经理们的行为方式，因此，无论何时，这样的组织都会促进组织行为的协调一致性。按照这样的观点，所谓的优质组织，就是对公司所有的工作都做出详细的描述，将其作为员工工作的标准，那么一切事务都会被安排得很好，员工们的工作彼此之间也没有重复。

怎么可能有如此简单之事！显然没有。让我们假想一下，或许你可以在某个时刻及时深刻地了解你的组织，从而完成无法完成的任务，然后你开始给每一个员工分配相应的工作，看似安排得相当紧凑，没有一个人是多余的。但即使是在你分配那些任务时，组织也在不停地发生变化——你所处理的事务、安排的内容也随之发生了改变。所有务实的经理们都知道，没有什么是一成不变的。盲目追求连贯性是恶魔。（何况，首先你就根本不可能全面地了解你的组织。）

新员工加入组织时，他们总有各自的角色——销售人员、工程师、财务分析师等等。他们扮演好自身的角色后，就被赋予了更大的责任，如一个职能部门的经理。在一些公司，他们不断沿着自己的职能序列往上升，直至顶端——例如，一个销售人员成为直接向总裁汇报的主管销售的副总裁。但是像这样的人不管多有才，他/她很可能对一般管理职责所知甚少。

重视员工发展的组织通常会在纵向调动员工的同时，也横向调动自己的员工。因此，一位销售经理将会负责很多不同产品的销售，并且是在不同的地区。某个人可能会从美国某地区的产品线销售人员开始，成为那一地区的销售经理,接着掌管更大的一个区域,调到美国另一个地区,然后就被派至国外的一个小的组织担任主管销售的副总裁,随即就成为那种产品的总经理。在那之后,他/她还可能被调任至其他的总经理职位。

但是,在这种调任过程中,有一点是非常重要的。员工必须在某个职位上经历足够长的实践,让他/她能够为自己决定的结果承担起责任——无论在什么情况下,这个过程都需要很长时间。一般而言,从事一种业务至少要达到五至十年,因为只有这样,那个员工才能真正培养自身独立的专门才能,即真正掌握专门的管理才能。专业领域的知识有可能有用,也可能没用。真正有价值的是要知道解决问题以及草草了事的区别,懂得自己了解实质以后再管理和一无所知的时候管理有什么区别。

政治学中的"迈尔斯律"(Myles's Law)精确地道明了组织基本的综合管理问题:"你能站得多高,取决于你的位置。"换句话说,一旦某人被赋予了一项任务,并且那个人知道自己完成任务的情况将被检验,那么,他们就会站到相应的高度来看待问题。这就意味着如果你改变公司的组织方式,那么你就会改变你所拥有的信息,同样也会改变员工们思考问题的方式。

第一点我要说的是,"迈尔斯律"适用于你所管理的人,第二点就是它也适用于你。

为了更好地论述这两点,让我们来看一下一个非常简单而又刚好足够复杂的企业,它同时拥有制造和销售机构。我曾经为这家公司做顾问,它在北卡罗来纳州(North Carolina)的山上有一个工厂,工厂为纽约市关注时尚的消费者们生产服装,公司的销售团队自然也就驻扎在纽约市。在工厂中,工人们和经理们都非常清楚,开机运转的时间要足够长才能带来更低的成本和更高的质量(快速改变初始设置要花时间重新

第四章

初始化,并且也增加了出错的风险)。

同时,市场对特殊色彩的特殊衣物的需求时间是相当短的——通常不会超过几个星期。曼哈顿的销售团队要根据顾客需求来提供产品,而不是在北卡罗来纳工厂方便生产的时候。

如现实所示,组织设计并没有考虑如何连接这两个部门。两组人员都看到的是不同的事实,并且他们所看见的都是正确的。不仅如此,生产商和销售团队还属于不同的文化。

组织经济学家可能会说合适的薪酬系统,即把工厂和销售组织的收入都和它们在产品线上获得的利润挂钩,这样就可以帮助公司整合这两部分。显然,这种判断会引导公司走向正确的方向。但是睿智的经理会选择这样做:他/她会让一批关键的工厂员工从北卡罗来纳调至曼哈顿待上几个星期,让他们看看当一个重要的顾客需要销售部门对时尚的转变做出回应,但工厂却不能甚至是不愿意帮助他们时,销售部门的人会怎样抓狂。要让工厂的人也充分体会一下这种感觉。

反过来,销售人员也会被派到北卡罗来纳,体验一下在上级的命令不断变化时,整个工厂的生产会受到什么样的"折腾"。当双方都了解到这些信息后,公司就可以研发出一种柔性化的系统。这个系统方便工厂和销售组织相互沟通,让双方就一些优先事务及相关问题以互惠的方式进行合作,因此大大提高了公司的利润。在这个解决方案中,了解到对方的报酬情况可能会是一个不利因素,但不让他们了解彼此的报酬情况也将不能使他们通过交换岗位而增进了解。

总经理认为,销售部门和生产部门对相同的事实总是有不同的看法,上述解决方案也是以总经理的这种理解为基础的。没有必要重新设计组织结构,而且重新设计可能反而会大大降低生产率。此问题的对策就是让每个部门都了解还有不同的视角,让每个部门都愿意真正参与到问题解决中来。

未来的领导者必须明白,公司的每个运营部门都有自己的视角。如果运营得当,每个部门都有自己习惯的一套专门的行为方式,并且它们的行为不断得到总结和改进。

除此之外,领导者还必须明白,仅仅是当下做好、不断提高,已经是一项艰巨的任务了。所谓组织,就是让专才们出色地完成自己的工作,并且学习如何与其他的专才协调和整合自己的行为,如果能做到这一点,公司就能运营自如,还能随着环境的变化而提升自身的质量。在这个过程中,需要每个员工都理解并且尊重他人看问题的观点,相信那些持有不同观点的人能够做好其本职工作。建设这些关系就是所谓"团队建设"的含义。总经理就是靠处理好这些问题吃饭的。

了解团队的需求以及它们的价值观是总经理培养过程的一部分。总经理必须明白,只有当一个团队理解了其他团队的现实后,这个团队才有可能真正为组织效力,这是另一个需要记取的关键点。"培养领导班子"的意思就是,给经理们分配任务,让他们可以通过完成这些任务学到东西,并且帮助他们(往往通过训练)确信他们最大限度地利用了这个机会,给予他们资源,让他们做自己认为需要的事,即使你不知道他们是对是错。

指导于是就派上用场了。前面几段中所描述的学习都是视情况而定的;在特定的情况下产生了一个问题;你试图解决这个问题;但你不能很好地解决。指导者会看到你的问题并为你提供及时、具体、建设性的意见,或者是在你向他求救,说明你一团糟的现状时,给予回应。一对一的非正式讨论给被训练者提供有用的反馈,这对培养领导者来说是非常宝贵的。

层级间的协调

对于组织来说,同样重要,并且往往是经理人在职业生涯的进程中

第四章

才能学到的经验,就是层级之间的协调配合。这些层级指的是职能部门、业务部门和公司。下文关于迈尔斯律的例子同样也是服装业的。公司中某业务部门和企业总体完全站在不同的立场上。

英国马莎百货的 Per Una 品牌主要面向年轻女士出售最新款时装。该品牌的经理知道很多顾客会在衣物穿过一两次以后将它们退回。除去道德问题不说,退货造成的麻烦在于,时装很快就过时了,很难再卖出去。为了避免赔本出售,公司必须制定严格的退货政策。

但另一方面,所有马莎百货品牌商店的雇员们都清楚,无条件退货政策是马莎的核心运营原则。马莎百货有着数十年的传统,这种传统已经成为了商店的品牌标志,那就是信任顾客。难道它的品牌形象就要因为一个外围的品牌而毁于一旦吗?

从双方考虑问题的出发点来看,无论是母公司还是下属品牌,都是正确的。但是 Per Una 和它的专卖店经理必须清楚有两个基本逻辑是永远存在的:组织和战略。每个逻辑都代表了一种不同的解决方式。合理协调这两个逻辑将会是一个很好的成长经历。只有公司做出的决定才能很好地权衡成本与收益对长期战略目标的影响。

同样的问题在医疗设备生产商美敦力(Medtronic)的身上也发生了。公司亚洲国家的经理要求研发低成本的"基础级"起搏器。起搏器部门的工程师们拒绝以那样的方式来开拓起搏器市场,他们认为那是非常低级的行为(潜台词是:"要不要给你也装一个?")。当一个位于发展中国家的分部向美国或欧洲总部的实验室寻求合适的技术时,这几乎是普遍遇到的问题。一家研究部门已经撰文提请各公司关注其业务部门对低端产品创新的需求。[15] 可是,无论如何,仍然没有任何组织设计或者法宝来避免这样的问题。

在这些分配给领导者的早期任务中,你慢慢会发现每个人是如何扮演自己的角色的。一些年轻的领导通过对员工的高压来实现良好的业绩。他们使用了天赋，但是他们把天赋浪费了，而不是发展了。相反，另外一些人不但有很好的业绩，还做了一些其他的事、例如，推动新产品和项目的出现。业务部门的战略正在转变，组织获得了比先前预期的更广泛的机会。业务部门中的员工们也变得活跃起来，并致力于学习新的技术。不管这样的领导在什么地方出现，他或她都是应当重点培养的人。为什么呢？因为创新和帮助员工成长是非常罕见的能力，而这种能力是 CEO 工作的核心。在年轻人中发现这种能力，无异于在高中棒球队中发现一个天才投手：那是一个不可多见的事物，值得我们注意。

指导者在这里可以发挥关键的作用来培养外部人的视角。当指导者听到或看到一些新事物——一些和组织的正常要求不相称，但是却因某种原因吸引了年轻管理者注意力的新事物时，指导者应当鼓励管理者探索新事物：为什么你不好好研究一下这件事呢？难道你没发现 X 部门的苏(Sue)和 Y 部门的约翰(John)都考虑过这个问题了吗？如果你认为这个问题真的有可能发生，为什么不去看看麻省理工学院的研讨会或者其他某学术会议是否探讨过这个问题呢？事实上，将创新思考转化为公司业务的能力，是可以习得的，而且，指导者合适与否会大大影响学习的过程。

职业发展的另一个核心课程就是学习如何管理公司，让公司在运营中有卓越的创新。首先，经理们必须学习如何在组织范围内合理运营；其次，要学会如何调整组织战略，使其在特殊的业务内容上更好地发挥作用。除此之外，他们必须明白，如果一项业务已经过时，公司就必须放弃。这些经理的上级应当对他们的发展负责。上级必须透过结果来观察经理们是否具有一种引导公司不断进步和提升的本能，当然，结果也是能力的重要衡量标准。

在"技术浪潮"中期以及股票飞涨的 20 世纪 90 年代，一个曾在凯南系统工作的管理人员解释了为什么他选择在凯南系统工作，尽管这家特

第四章

殊的高科技公司不给员工认股权:"在这里工作给了我一个学习和成长的绝佳机会。还有其他地方可以让我在这么大而且成功的公司担任营销副总裁吗?公司不断地让我做一些新的事情。作为一个经理,处理这些事培养了我很多新能力。而且 CEO 凯南·萨辛总是花时间和我谈论我的工作,从而帮助我完成得更好。"[16]

通过分配新的工作任务来帮助它们的管理人员成长的公司经常会有很好的声誉,这样就吸引了有才能的年轻经理。只要它们的津贴不是特别低,他们还是选择加入这些公司,因为他们明白,作为自己市场价值的管理才能将会获得成长,这带给他们更长远的利益,远远高于股票期权。最重要的是,在这样的公司工作是一件非常有趣的事。

这些公司因"人才工厂"而出名。它们在招聘方面比别的公司做得更好。并且,最终,它们在接替管理方面做得要比一般公司好。

用发展的眼光看待过程

我们已经看到,无论是跨职能部门的角色还是跨组织层级的角色,对培养领导来说都很重要。现在就让我们来看一下联系这些角色的方法与过程,尤其是规划和预算过程。这两个过程将个人与公司联系起来。让我们来看一下它们是多么至关重要。如果成功地经历了这些过程,那么在此期间一定能有很多不错的学习机会。它们是资源分配过程的核心,因为这些过程权衡了公司的短期利益和长期利益,它们要求经理们做出负责任的判断。

这同样也是未来领导者要学习的关键经验。但在学习这些经验之前,我们先来看一下两个前提条件。

两个前提条件

首先,公司研究业务运营、通报问题、考虑令人头疼的解决方案以及达成一致目标的过程必须是公开的。这听上去像一个很天真的建议,但是我越来越坚信,公司业务没有什么好隐瞒的,因为通过日常活动,我们就可以看出很多。保密建议对公司没有什么益处。相反,它们会对公司有害,那些保密计划总是不可避免地被军队冠上某种政治意义。更糟糕的是,保密通常是随意操作和马虎思考的一个便捷的面具。

其次,我们应当从发展的角度来仔细看待制订规划的过程。审议规划的经理们必须提这样的问题:"我们制订这个计划,是不是不仅仅为公司考虑,还为参与其中的员工发展考虑呢?"如果这两个因素都顾及到了,那么接替过程——以及公司——就获得了极大的提升。

制订规划是一种成长经历

冒着过分深陷于讨论基础管理知识的危险,让我们稍微深入地研究一下制订规划的过程。

在很多公司——我比较倾向于说是大多数公司——提供给公司审批的业务规划无外是规划制订者的一些合理期望。所有研究都证明,这些规划都是前一年发生的事情的衍生,结合经理们对市场的预期而稍加修改。因为业务部门的领导们深知实际结果将会拿来与规划做比较,因此,收益的预期和成本都留出了一定的伸缩空间,以应对可能出问题的地方。

那么,除非发生了一些很不寻常的事,所有业务部门规划的汇总可能要比公司领导(再延伸一下,公司股东)所预期的销售和收益低。结果是,要对"数量"进行协商。公司整体会追求较多的数量,而业务部门却追求较少的数量。

结果往往是取讨论的中间值。杰克·韦尔奇曾经跟我描述过这个过程:"房间里有一大群西装笔挺的人。一组人说2;另一组人说4。结果就是3。房间里没有一个人会预期到是这样的结果。他们甚至不知道

第四章

开会的目的到底是什么。"17

年终发生的事都取决于公司。一种情况是,完成了规定业绩的经理们获得了奖金。没有完成规定业绩的经理们拿到的奖金就少了一点,奖金表明他们在艰难的情况下依然表现优秀。

这看起来不像专业的管理,但是相对于我观察到的其他规划来说,这已经是相当好的了。有些公司的规划一上来就是公司的赢利目标。公司管理层将这些目标分解,制订出各个业务部门的总体目标。这些目标就成了业务经理们需要完成的规划——不管它们是容易实现的目标还是无法完成的任务。实现目标会很好,没有实现目标会很糟。

这提出了几个问题。首先,沟通是不诚实的。经理们没有说出他们关于业务的真实见解。奖金也不是真的和管理业绩相关联。它们只反映业务的结果。这种结果可能高于或低于他们的实际能力。

第二,这种为了业绩而管理的各式各样的行为大大滋生了经理们玩世不恭的心态。在安然(Enron)公司,管理业绩在一个由各业务部门的高级行政经理组成的论坛上进行评估。奖金可以高达基本工资的两倍,而这种奖金评估的依据是对业务部门的强制排序。个人奖金可以高达几百万美元。由于业绩是由当前业务的价值来衡量的,这些业务都会延伸到将来很多年以后,这导致很多人热衷于对将来业务的收益做非常乐观的预测,因为那是当前收入的根本依据,也是当前奖金发放的根本依据。18

毫无疑问,这种增压的气氛导致了对收益的乐观规划。既然你的排序位置部分是由你的老板在多部门的会议中为你争取的,那么很多员工都愿意做他们上级所要求做的任何事情,这也就不以为奇了。

战略利用及滥用

不良的交流和粗暴的冷嘲热讽无助于培养领导者。当业务部门和公司经理之间的讨论涉及战略性问题的争议时，问题就大大复杂化了。一种情况是，公司要求业务部门承担过高的风险。另一种情况是，公司把自己的时间表和愿景强加于业务经理的商业判断和决策。

在我数十年前观察到的一件实例中，施乐的一位高级管理人员和一群经理讨论研发一种小型复印机的前景，他们将这种小型复印机命名为阿尔法项目（Project Alpha）。他问一位经理，他认为应该做什么。这位经理说，阿尔法项目的收益会很高而且重要，但同时风险也很大。

"阿尔法成功的可能性是多少？"

"百分之五十。"

"由你决定。你觉得应该怎么做？"

呼吸声几乎清晰可闻。"我认为我们应该试一试。"

当阿尔法项目的推出遭遇失败后，那位项目经理被解雇了。"为什么呢？他让我往前走，"那位高级经理在后来的一个访谈中说，"但是他错了。"之后不久，复印机行业的革新速度变慢。[19]

另一个实例发生在惠普公司。一个业务部门推出一款新产品，惠普的高层管理人员极其推崇这个产品，将其作为解决业务增长缓慢和市场份额下降的良方。在规划进行的过程中，公司要求业务部门尽可能高估业务收益，那样的话，业务业绩就将成为战略迅速转型的成功标志。为了扩大产品市场，公司上了一套规模过大的生产设施，而最终使这一项目中途夭折。[20]

生产线管理人员很容易将这两个故事视做极端的典型。首先，一个重要项目的风险全部压在一个经理人的身上，并且事实上，他是不主张公司冒这个险的。他试图表达自己对不确定性的看法。但是当公司风险和职业生涯风险一对一地捆绑在一起时，公司常常发现自己承担的风险很小，甚至根本就没有风险。

其次，公司若是硬要将一个全新的产品业务做大，但又无法找到产

第四章

品能够增长和发展的合适的市场,那就会毁掉这个产品。[21]

那么,为什么这些例子与规划和战略问题有关呢?因为从培养接班人选的角度来看,这些都是决策的例子,在这些例子中,规划是就目标成果进行协商,而不是讨论业务会变成什么。发展的维度被忽视了。

要考虑发展这个因素,那么管理者在和下属管理人员谈论关于预算和规划时,既要考虑下属,也要考虑业务。这不是让下属脱离干系;最终他还是要对工作做出承诺。我想说的是,管理者可以利用这个机会做一些指导。如果想要指导,就需要有所准备。这是他(下属)第一次负责全面管理的任务吗?如果是的话,那么这个经理不会拘泥于那些职能部门经理和专家们的建议,这是好事。职能部门的经理和专家们通常都参与了计划制订,并且他们的专长往往是那个经理所不具备的。你可以想象一下自己要问哪些问题,来帮助这位经理看清可能出现的一系列问题。

如果管理者对业务完全不了解,他/她就不太可能会明白市场规则、消费者特性,或者是引导消费行为的有效先例。组织如何运转取决于如何应对这种局面而不是仅靠图表和决策权。这又是一个成长机会——用行话来说就是"可以用来指导的时刻"。

这些时刻对内部局外人的将来是非常关键的。如果他们想通过尝试新事物来使自己声名大振,他们就必须成功。为了获得成功,他们需要平衡自身的期望以及所做出的承诺。如果他们仍然在力争需要的资源,那么就不可过分高调。这又是一个可以接受指导的时刻。他们可能又需要帮助了——甚至是直接的干涉——来战胜来自组织的天然抵制,或是一些个人的出于政治动机的阻挠。

上层管理人员非常可怕的倾向在于,认为刚上任的总经理无论背景如何都应当具有工作所必需的能力。毕竟,他们在那个位置上,不是吗?然而,如果要求一个小提琴家吹黑管,那会出现什么情况呢?如果一个准备《弄臣》(*Rigoletto*)角色的男高音被要求出演《托斯卡》(*Tosca*),那会发生什么事呢？或许从一个部门调至另一个部门并不是件坏事，但是它也可能会是令人丧气的经历。原来关于公司一个人不知道的事情有那么多！总经理的上司需要了解此人的弱势，然后设计一系列的互动，帮助他/她成功。

设想一下，如果一位管理者的第一个领导任务是管理一个快速成长的部门。这位管理者每一步都走得很成功，显示出成为真正领导者的迹象。但是这位管理者的成功有多少是来自部门的成功呢？如果是在完全相反的情况下（部门发展很糟糕），这位管理者是否也能出色地领导呢？

自救式学游泳模式？

让我们想象一位经理从事一项新的工作：领导一个问题重重的部门。在这里，他/她面临着全新的问题：一个大客户提出无理的要求，竞争者发动了一场价格战，或是一些别的麻烦。意料之中，我们崭露头角的经理开始发慌了。

在这个案例中，上一级管理者的责任是什么呢？我们的方案就是"自救式学游泳"模式：上级管理者可以在背后静静观望，让经理试着独自解决问题。在一些情况下，这样做是可行的。但是，在其他情况下——我要强调的是，更多情况下——伸出援手更为可行。例如，给予恰当的指导或是训练。将公司管理和运动进行类比分析是冒险的，但是这个年轻的"明星"距离完成完美的摆动或是速度惊人的快球是不是只有一两步之遥呢？是不是推他们一把，让他们足够深入地分析问题，他们还能比他们自己所能想象的更加努力地工作呢？大部分天生睿智的经理人能够处理好新的挑战，但上一级管理者必须承认，应当有人来充当支持这些经理人的角色，而他们自己必须扮演这个支持者的角色。

另外，当然以上的这一切不是在真空中进行的。那些想要成为"人

第四章

才工厂"的公司需要提供开放的岗位,以便那些在整个公司各领域发展的经理得到锻炼。这类业务需要什么类型的人才?莎莉和比尔需要什么样的任务?无论何时,业务需求可能总会被优先考虑。但是,随着时间的推移,公司也必须满足那些人才的发展需求,否则公司业务总会走向衰弱。雷富礼总结了几点宝洁的思想:

宝洁前进的每一步,都伴随着对特定人才的培养。我们不断地寻找领导者。我们以领导力为基本原则来雇用员工。我们分派给他们能让自己锻炼和成长为领导者的任务。我们通过业绩考核检验他们的领导力。领导力是鉴别高层领导人选的关键标准。

公司上下都为鉴别高层领导人选保驾护航。我们从每个层级鉴别最具发展潜力的人才。我们在每个业务和每个职能部门中寻找前10%—20%的人才。

我每年要开三场全球领导力理事会议,领导力在每次会议中都是最重要的一个议程。对人才的评估与对商业的评论以及关键战略问题的评论是同样重要的。宝洁的所有顶级领导者都会参加讨论。在评议那些成为高层领导人选的管理者时,我们研究高层直至中层管理者中成长最快的管理者。我们把经营公司的总裁和总经理,还有总监一级以及候补人选全都包括进来。这样的研究总共涵盖了公司中最顶尖的三千人。[22]

这不仅仅是那些年收入几百亿的大公司的做法。我曾经在一个年收入20亿的公司任董事,我们对一个房间进行了设计,把每个业务管理人员的情况贴在墙上。每个经理的潜能和业绩都会写在卡片上并且用吸铁石贴在墙上以方便移动。用不同的颜色代表能够升迁的人和业绩不佳的人。能够升迁员工多的业务部门,一眼就能看出来。而一眼望去是另一种颜色的部门存在较大该颜色所代表的问题。

那个房间为全面评估那些现成的或是仍然短缺的人才提供了场所。这种评估对公司按照标准业务指标改进工作起着关键的作用。但是这个上演"人才大战"的房间还有另外一个辅助作用。以前被视做相当独立的一些业务现在被视为某一管理部门的一部分。公司不仅仅要对钱（资金）做出有效的配置，对部门利益做出高效的配置，也要对领导者进行高效的配置。

考核与反馈

公司考核接班候选人的方法是第五章的核心内容，但是我们这里简要讨论一下考核与反馈的问题，因为一个公司能为其管理人员提供有效反馈的名声，实际上会帮助公司招聘到将来会成为高效领导者的管理人员。同时，这也是谁能成为管理业务的经理和谁有潜力成为企业高管甄别过程的核心。

考虑一下，当哈佛的 MBA 毕业生们开始计划找工作时，他们要思考什么呢？首先，他们要仔细思考什么样的工作能够帮助他们成功实现职业的愿景：

➢ 为了胜任自己五至七年规划核心所确定的工作角色，你应该学习和经历什么？

➢ 你在哪儿能最好地学习和经历这些事情？

然后，他们需要考虑他们将从 MBA 毕业后的第一份工作经历中学到什么，考虑诸如此类的问题：

➢ 一位专业人士如何处理日常业务的运营？

➢ 在一个更大的组织背景下，商业目标实际上是如何实现的？

第四章

> 如何与一大群拥有不同动机的人士成功地合作?

给出的建议围绕学生们能从工作中学到些什么、这些收获对他们向事业目标前进有什么帮助。换言之,职业顾问就是帮助他们明白,他们必须坚持学习,否则他们就不可能实现自己的宏图大志,而思考第一份工作将如何帮助自己学习也是至关重要的。

极端地说——正如我这一章开头所提及的——有的公司吹嘘,它们按业绩来支付工资。只要达到最低目标,你就会得到奖励,并获得晋升。但是如果没有实现这些目标,你就必须走人。而且,如果你幸存,你下一年的目标会更有挑战性。

你可以将这种方法称为"试管培养"。将一个经理放到一根试管中,加热,看看能得到什么。如果得不到你想要的,就换另外一个经理,加热另外一根试管。

相反,有的公司努力培养自己的高管,让他们首先成为高效的实干家、销售人员、工程师或财务人员,然后成为职能部门的经理,最后担任领导企业的总经理。为了完成整个培训,它们通常会很好地利用公司以及外部的项目。

正如我在这一章中写的,通用电气公司就是拥有这种美名的首屈一指的人才工厂。通用电气不仅用各种各样的项目培训经理和领导人,并且也将可以获得这些培训作为招聘工具。通过浏览通用电气公司网站,了解通用电气公司所提供的部门的、业务导向的,以及公司一级的待遇,我们可以非常明了地看到这一点。[23]"通用电气部分的吸引力,"某一页的开头写道,"在于终身学习的吸引力。我们每年投资近10亿美元用于员工的职业发展,遍及职业成长的每个层级。"[24]

通用电气公司并不是一枝独秀。所有的人才工厂都为它们需要的职能和管理技能提供培训。但是作为每年规划和评估过程的一部分,它们也非常注重员工个人的反馈。更重要的是,在观察日常活动的同时,它们提供手把手的指导。在年终时,你发现同事们感觉到和自己一起工作并不愉快,这是一种学习,可能会对大家有所帮助(但也极有可能伤害很深)。但是在会后立即被问及是否考虑到你攻击型的表达意见方式所带来的后果,将会是一种更好的学习。如果问完这个问题后接着讨论有哪些其他更好的表达建议方式,则更为妥当。当然,不是所有的经理人都可以提供这种娴熟的指导——即便是在人才工厂里,有的经理也做不到——但是很多经理做到了,他们因此变得更有价值。他们是建筑师。

我希望用组织新成员的另一个观感来结束这一部分:可能的新成员也许能在第一种类型的公司——就是那个加热试管的公司——挣到更多钱。但从长远来看,即使那个人能在那样的公司工作多年并且晋升到高层,他/她获得关于技能和态度方面建议的机会仍是非常小的,而这些建议是他/她成长为优秀领导人所必需的。

培训

对于一个在哈佛商学院教了四十多年书的人来说,培训是一个危险的话题——主观性比较明显所以我尽量说得简单明了。在某种程度上,我们可以通过提供给人们概念和工具来帮助他们成功,这些概念和工具当然都是与他们的工作和价值观相关的,能为他们的领导活动提供帮助。

举例来说,如果他们在做销售,我们可以制作他们的录像,再发给他们看,告诉他们应该如何向世界介绍他们自己。我们可以教他们,在试图卖给消费者产品之前去倾听消费者到底想要买什么。如果他们做管理,我们可以教给他们如何做规划、区分优先顺序、制定预算、倾听和观察他们的下属。

第四章

当他们到达总经理的层次,我们可以帮助他们看清他们的工作不是告诉人们该做什么,而是设置目标,提高门槛,以及提供必要的信息和资源(人力资源、原材料、金融资源等)。为了让他们向兄弟部门的人学习,我们可以让他们和那些人一起成立一个小组。

即使是CEO也能学习——尽管也有人说他们不能!他们可以重新审视与董事会打交道的方式,仔细考虑怎样重塑与政府和媒体的关系。他们可以关注接班这件事!

此外,在发展的每一个阶段,技术信息都可以提供有用的灵感、背景和支持。

公司越大,考虑进行具有公司特色的培训就越有意义。公司的培训课程为解决工作中的问题提供了通用的语言和框架。当组织和系统发生重大转变的时候,它们是至关重要的。它们为高级管理人员提供了一些碰头时可以讨论的紧迫日常事务以外的内容。它们是培养信任感、讨论公司敏感问题的非正式场所。同样,它们也为高级管理人员提供了一个可以与一群人互动的绝佳场所,这群人中包括其接替者。公司可以自己设计和管理这样的课程,或者请商学院代劳。(如果是后一种情况,公司需要避免购买没有为用户量身定制的普通培训产品。)

对于可能成为高级职位候选人的管理人员来说,更重要的可能是那些课时较多的针对综合管理的外部课程。好的这类课程可以带来多方面的益处。首先,课程聚集了一群优秀且高度多样化的人(只需举一个例子,我在哈佛商学院上的课每次有来自50家公司的70名到80名学员,并且他们来自至少25个不同的国家)。每个人都已经有一份很好的工作而且朝着更好的工作努力。较之公司自己的课程——在这种课程中,按定义来理解,每个人唱着相同的赞美诗——你知道其他公司出现了与你们一样的问题,但是表现方式完全不同。丢掉本位主义,和一群有着同样问题但看待问题方式非常不一样的人坐在一起讨论几个星期,没有什么比这更有益的了,至少会有所助益,因为他们带来了看待世界的不同眼光。

我开发和管理的课程经常体现的一个主题是,领导者的工作在多大程度上是由本章所讨论的问题组成的:寻找杰出的人,提供给他们一系列锻炼岗位,帮助他们成长,并通过计划和预算来整合资源,推动公司前进。

最后,较长时间的外部管理课程使学员有机会仔细思考自身情况,并把自己的技能组合与同班同学进行比较。他们可以探索自己的人生目标,搞清如何运用领导力来帮助自己达成目标。他们还会对那些重塑市场的强大力量做出深思。假设这是一门高质量的课程,他们会带着学到的技能以及引领变革的意愿回到各自的公司。

区别

通过这章的几点阐述,我已指出,公司领导层需要将那些以后可能成为 CEO 的人与其他经理区别对待。表示区别的一个明显做法就是设立不同的薪酬和任务,并且在例会上进行讨论。

同时我也一直在强调指导的重要性。那些努力奋斗想要成为领导者的人们需要反馈。他们想要受到表扬,但如果得到有益的批评,他们将会更加重视——部分原因是,批评实在太少了。如果你再想想他们准备要承担的工作实际上有多艰巨,你会立即发现个人的关注是多么有价值。的确,进行日常领导需要所谓的"内在依赖",但作为一个年轻的领导者,明白自己已经被看重并且能够获得帮助,总是非常可喜的。

在大多数公司,能力出众而且敏感的资深指导者的时间必然是有限的。也就是说,你必须鉴别和分配公司的指导和培训资源,使其流向看上去将来最有可能领导公司的年轻小伙子和姑娘们。

第四章

业绩

几年前,我曾经和创立了一家很不错的电脑公司的 CEO 谈过。在谈及他管理团队的才能时,他带有几分愁闷地说:"我只希望他们中有一个人过去开过比萨店赚过钱。"

我明白他的意思。当然,这些人都很有能力,但是他们被高度成功的公司的管理过程完全同化了。在他们参加工作的早期,他们是很棒的销售经理、市场经理、工程师和财务经理。现在他们成为了管理人员,出色地运营着自己的部门和业务——但并不是在建设公司。他们会成为"同花"。CEO 想要的是那些能够像比萨饼店主一样赚钱的人——这些人能够用一个接一个的比萨,让顾客们天天开心。

在商业世界里,长期管理的重要性我们谈了很多。"长期"的意思是,投资能够让公司年年增长和兴旺。但是,长期的经济情况是残酷的。复利意味着每年的利润都要被延缓,下一年的利润必须更高,因为资产的回报率必须充足。创造合理回报最简单的途径是,在有序的基础上赚取利润——稳定、可靠、小步前进。

但是正如我们所看到的,这个世界并不是那么稳定和可靠。想想"卡特里娜"飓风(Hurricane Katrina)对美国墨西哥湾沿岸商业设施所造成的重创。为了救人,那些公司的经理们首先放弃了他们精心制订的规划。接着,他们尽其所能,迁移公司以保全财产。在暴风雨的促使下,他们自我营救,评估了风险,设法重新获取了电力和生活用品,采取措施,确保消费者知道他们已恢复营业,重新生产和提供与灾难发生之前一样的产品和服务。

这无疑是一个极端的案例,但却是整个宇宙中,由混乱导致计划受挫以及业绩重创的代表性事件。因为原有计划出了问题,经理们必须面对现实并且做出回应。他们找到了一种削减成本的可行方法。他们寻找新的消费群体以弥补损失。他们没有惊慌,而是奋力前进。他们顺势而为,而不是削减原有计划以及未来计划的规模,因此并没有损害企业。

要这样,必须做到两点。第一是向前看。什么地方会出问题?如果我的业务依赖于在一个货币流通不稳定的国家的销售额,我能在我的年计划中体现货币贬值带来的成本急剧下降吗?我能在计划中体现成本削减的速度快于销售额下降的速度吗?我能避开货币贬值所造成的不利影响吗?

第二是反应快。如果一家客户破产了,律师能够处理这些棘手的问题吗?有没有非常勤勉的销售人员已经在发展我们原本计划明年发展的客户呢?员工们是不是都能在道德和法律约束的范围内承诺自己会尽力做到最好呢?他们是不是会如他们所说的那样去行动呢?如果他们会,这就是一种业绩文化,这也是你要求经理们在运营业务的过程中需要表现的。有效的领导者不仅仅看到正在发生什么,他们会采取行动并且带领他人一起行动。

成为一个管理者和上学是不一样的。它是学习如何安排他人制订计划并且产生成果。学校的学习会有帮助,但并不能给你提供战胜困难的经验。当公司发展太快的时候,你可能会陷入困境;当公司发展不顺利的时候,你同样会遭遇挫折;当业务非常萧条的时候,你也会举步维艰。但是人才工厂已经找到了一种方法,它们用强有力的人才培养方案使得经理们拥有成功的业绩表现,并且我相信每个公司都可望做得一样好。

第五章　CEO的接替程序

本书的核心前提便是,特定的一类人,即我们所说的内部局外人,通常具备领导一个公司的最佳能力。

这表明关注CEO的接替程序——包括公司应该如何发现、培养并最终任命自己的领导者——是极为重要的。换言之,如果你明确知道自己想要哪种类型的领导,你就必须确保你选择的挑选领导的程序能根据你的时间表,确实选拔出你预期的领导者。

但是这其中仍然存在着意料不到的障碍:你管理接替程序的方式可以无意中反映出你管理公司的方式。当然了,对于管理完善的公司来说,这并不是什么问题:就像我们所看到的一样,这些公司通常都有出色的接替程序和卓越的领导记录。但如果你的公司管理平平,即使可能有接替计划,它也不会有出众之处。

在这一章中,我将会列举一些接替方面的最佳实践。考虑到篇幅的限制,我会相对把重心放在接替上,而并不会过多地扩展到接替背后反映的组织问题,事实上,那是上一章所谈到的内容。

在此,我认为接替其实是个发展的过程,这其中往往涉及众多的标准模块。当然这其中最关键的问题就是:你的公司究竟需要什么样的人才?对此问题的回答必然是仁者见仁、智者见智,然而我坚持认为,每个

第五章

公司都要求候选人身上具备一些非常重要的素质,比如:正直、能认清世界的方向。我也会谈一谈公司栽培这些人的技巧,谈一谈过渡期,以及董事会在这些重要活动中的作用。

让我们从在接替程序上所持有的两种截然不同的观点开始吧,它们是我过去在哈佛商学院的同事,已故的理查德·范希尔在《交棒:管理好CEO接替程序》(Passing the Baton:Managing the Process of CEO)一书中首先提出的。[1]

交棒式和赛马式

范希尔在著作中用了两个比喻来分析CEO的接替程序:(接力赛中的)交棒和赛马比赛。在传递接力棒时,候选人其实早就被挑选出来了,同时责任也转移到了他或她的肩上。而在赛马式中,则是两个或两个以上的候选人被挑出来去竞争CEO这一职位。随着发令者的一声枪响,比赛就开始了(不管这些竞争者是否已经了解自己的对手)。自从范希尔的著作出版以来,他的理论鼓励人们从这两种角度去看待接替程序。

我却不认为这种二分法有太大的效果。

交棒式:罕见、冒险、困难

首先,纯粹的交棒式的例子是极为少见的。通常,接力棒传给下任领导者发生在接替前两三年或者更早,这就很容易打破接替与交接棒之间的类比。而且,在大多数情况下,接力棒传递之前已经完成了赛马。要么是赛马的胜者接过了接力棒,要么没有产生胜者,于是现任CEO借助董事会和顾问的帮助或自行决定引进一名局外人以备接替。

康明斯公司的接替程序可以视为相对纯粹的交棒式,至少在它20世纪90年代初的接替程序中,这种纯粹性较为明显。康明斯是印第安纳州哥伦布市（Columtus，Indiana）的内燃机制造商。已故的欧文·米勒（Irwin Miller）在家族的帮助下在一战不久成立了康明斯，并雇用了一名刚从哈佛商学院毕业的学生亨利·沙赫特，事实上，这也是一个长期招募计划的一部分，该计划的目的是提升公司管理层的才能。在超过十年的时间里，米勒从哈佛大学和斯坦福大学商学院的学生里分别选出了一两名佼佼者加入公司。[2] 公司培养这一小批有天赋的年轻人，准备将他们推向公司的领导岗位。

沙赫特描述道，公司培养了这样一小部分人，在二十多年的时间里他们轮流管理着公司：

事实上，我先做了四年总裁，在接下来的四年我同时兼任总裁和CEO，在我被选为康明斯下一代领导人之后，我又做了八年的董事长兼CEO。之后便主要是我们三个来管理公司，包括吉姆·亨德森（Jim Henderson）、约翰·哈克特（John Hackett）和我自己。约翰另谋高就，吉姆最终接替了我的职位……

在康明斯，接替程序是由欧文·米勒和当时他最资深的同事——唐·塔尔（Don Tull）决定的。我担任了总裁兼CEO，以及董事长兼CEO的职务。我很快请吉姆来做我的搭档，我们也随之建立了很好的合伙关系，竟然就这样持续了二十多年，这在美国企业文化中是非常罕见的。[3]

另一个可以看到更为典型的这种纯粹意义的交棒的地方便是家族企业。IBM的小托马斯·沃森就用这种方式接替了其父亲的职位。美国著名有线电视公司康卡斯特（Comcast）的小布赖恩·罗伯特（Brian Roberts Jr.）也是如此。同样，在洛斯（Loews）公司，拉里·蒂施（Larry Tisch）把接力棒传给了他的儿子吉姆。在以上这些例子中，父亲很早便选中儿子作为将来接管公司的人，公司经历了必要的步骤以实现这一结果。

第五章

包括康明斯在内,我所列举的这些例子具有的共性是,每一个有效运营着自己公司的创始人都用一种极为传统的方式选择了自己的接班人。在这其中欧文·米勒比较特别,他没有从自己的家族中挑选接替者,而是从公司外部选拔高素质的人才,为公司注入新鲜血液。

交棒式接替程序最应注意的一点是:选出的接替者最好是合适的人。毕竟,一旦接力棒传给了这位接替者,不仅整间公司的命运便握在了此人手中,那些在这一过程中被否决的却野心勃勃也想最终管理公司的主管们很有可能在过渡时期前几年就就此离开。菲尔·凯西描述自己离开伯明翰钢铁(Birmingham Steel)而去接管佛罗里达钢铁公司(Florida Steel)的过程便很发人深省:

1994年初,我还在伯明翰工作,有一天我去城里参加一个轮值会议(Rotary meeting)。回公司的路上,我在车上听语音信箱里的留言,其中有一条来自洛杉矶的海德思哲国际咨询公司(Heidrick & Struggles,一家著名的猎头公司。——编者注)。我回到公司便给他们回了电话,他们告诉我他们受佛罗里达钢铁公司的委托,正在为其寻找一位新的CEO。

那时我为所谓的"汤图综合征"(Tonto syndrome)所苦已经有很长一段时期了,差不多八九年了。事实上,董事长和我就是朗·兰杰(Lon Ranger)和汤图(Tonto)。我想骑上白马发银弹。我说道:"我想听听这是怎么回事。"

我对董事会说:"看,我现在有一个绝好的机遇。"他们就问我什么条件能让我留在公司工作。我答道那必须保证我被选任为董事长。他们的董事长当时大概已经六十四五岁了,但他们拒绝向我做这样的承诺。[4]

对于一些人来说,挫败感再加上"汤图综合征"将转化为巨大的动力,促使他们不再想在一个身体健康的领导手下当个二把手。从公司的角度来说,太漫长的交棒式接替程序将使公司过早地失去原本可以为公司发展贡献更大力量的管理者。

在交棒式中,还存在一个相关的问题:即使公司向接替者保证了他/她日后的接任,这个准接替者也可能并不会等到那个时候。吉姆·罗宾逊(Jim Robinson),这个20世纪80年代美国运通公司的CEO,讲述了他失去自己选出的接替者郭士纳的懊恼心情。在那个美国历史上最经典的杠杆收购事件后,郭士纳曾得到了作为CEO掌管雷诺士公司的大好机会,他觉得就这样等着接任罗宾逊在美国运通公司的职位是不值得的。罗宾逊有一次来哈佛商学院给课程做嘉宾的时候,告诉我们他从这件事中吸取了一个教训:"永远不要把自己置于只有一名接替者的境地,那样太冒险了。"[5]

在很多明显的交棒式中,事实上也包含了赛马式。CEO和他/她最信任的朋友——同样是管理层人员但不是接替CEO的候选人,和董事会薪酬委员会的主席,以及和其他的一些董事都谈过自己对于候选者的看法。在这一过程中,某人脱颖而出。杰克·斯塔福德(Jack Stafford)讲述了在美国家庭用品公司(即现在的Wyeth——惠氏公司)挑选他的接替者的整个过程:"靠业绩说话。看他做得怎么样,别人对他是什么反应。在惠氏,我的接替者其实是个其貌不扬、胖嘟嘟,还留着胡子的人。但我发现,他深得销售人员的拥戴,他们尊敬他并努力工作。他聪明又踏实。他的业绩十分突出,确实做得好极了。"[6]

美国运通公司的哈维·戈勒布(Harvey Golub)讲述了同样的故事:他如何选择并把接力棒传给了肯尼思·谢诺尔特(Kenneth Chenault)。他说:"我不想让肯一下子就接替我成为CEO,我希望有一个过渡期让肯慢慢地进入角色。为此我做了我能做的一切,配合他,并在最后两年中,把他处理的工作的性质及内容做了调整,他就这样循序渐进地了解了CEO应该具备什么样的特质。你只有真正坐到了CEO的位置上才

第五章

名副其实地成为一名 CEO,但这之前你可以进行一些相关的模拟训练,这就是我们所做的。我的目标就是让肯在他当 CEO 的第一年就比我在任的最后一年干得好。"[7]

那些幸运的"准接棒者"又是如何看待交棒式的呢？你的一些管理人员可能一直梦想有一天能成为 CEO。他们为此激烈竞争着并密切关注着自己在工作上任何一点小小的进步,就像求婚者密切关注着被求者对自己的行为有什么反应一样。作为成年人,他们早已学会了如何去控制自己的行为,但他们也可以在工作中表现得很有冲劲,特别是在权力分散的组织中。因为往往在这些组织中,他们薪酬的多少取决于业绩,而衡量业绩的标准往往是部门的经济效益。管理层人员拥有自己的公关顾问已经屡见不鲜了。

赛马式:艰难、分裂、冒险

管理学大师切斯特·巴纳德(Chester Barnard)所提出的最明智的建议是公司主管们应特别注重协调竞争与合作的关系。是的,竞争确实是一种非常强大的推动力,但同时也可能使公司分崩离析。卢·格卢克斯曼(Lew Glucksman)曾与皮特·彼得森(Pete Peterson)激烈竞争华尔街著名投资银行之一的雷曼兄弟(Lehman Brothers)的领导之位,然而他们之间的这场"战役"几乎摧毁了整间公司,并最终导致它被美国运通公司收购了。[8]对于一些人来说,竞争 CEO 的工作是他们最基本的动力,然而合作的重要性也不应该被忽视。

这就联系到赛马的比喻。为了探讨这个比喻,让我们来看看通用电气公司的两个记录在案的例子。在第一个例子中,雷格·琼斯选出了一些候选人;二十年后,也就是在第二个例子中,杰克·韦尔奇也选了一些人。在这两个例子中,马在赛道上进行了两年或更长时间的比赛,最终,胜者出现了,而败者离开了。

让我们比较一下这两个例子。琼斯让候选者们来到公司总部,考验他们的本领,最终选择了韦尔奇(在这一过程中,琼斯失去了四名有才能的主管)。韦尔奇也同样让候选者们各自管理自己的团队,但他让最后剩下的三名佼佼者提前五个月选出了各自的一名接替者。为什么呢?因为韦尔奇通过多次与候选者一对一的谈话清楚地了解到,三个人都患上了"汤图综合征":不被提升就会离开。

韦尔奇确信一定是这样:新任的 CEO 留下,其他人则离开(公司不可能容许两个失利者留下来破坏公司的工作气氛)。同时,各方面都会被通知到,每个人——包括通用电气公司的每位职员、销售商、消费者和金融市场都会知道是谁运营着公司。

韦尔奇告诉我,赛马式的关键是让候选者各有自己的舞台,充分施展并把运营公司的能力借着与董事会成员共进晚餐或是前去拜访的机会加以展示。换言之,不能给他们提供派系斗争的机会。由于过程没有掺杂过多的政治因素,候选者们能够在竞争过后仍是朋友。

宝洁公司则是另一个巨大的人才工厂,它正在进行着一场不太正式的赛马。公司 CEO 雷富礼向我讲述道:

我们的董事会已经很大程度地参与到了管理 CEO 接替和培养最具潜力人才的计划中。在每年二月和八月召开的两次董事会会议上,我们都会和外部董事们详细审议 CEO 接替和高层领导人选计划,包括考察候选人的地域、种族、民族及性别等方面。在董事会至少每年四次的执行会议上,我们都会谈到高层领导人选的培养情况。经常有人问我:"X 做得怎么样了?"要么一位董事说:"Y 今天做得非常好,但是 Z 对于董事会昨天提出的期望仍做得不尽如人意。"

在宝洁公司,董事会主要的四项职责是负责与接替、战略、管理、风险管理有关的事务。接替管理是每位外部董事的责任。

我们创造尽可能多的机会让董事会成员了解公司高级管理层和后备人

第五章

员的情况。举个例子,我们每年都会召开一次场外调研董事会会议,这样董事就可以去一线和领导者一起工作……在每次这样的场外业务展示上,我们都要确保能让这些后备人员发挥。另一个例子,十二月的时候有个董事会和管理者的假日晚餐,高层领导人选和董事会成员可以借此交流。[9]

这可以说是赛马的一个很好的定义。但它同时不也是交棒吗?宝洁公司在不断培养一群有才能的领导者。当接替的时刻来临的时候,也许是几年以后吧,他们当中的一位,也是能力和经验最契合那时公司需要的一位,将被选为CEO。

雷富礼谈道:"我有差不多300名顶尖人才,我聘用他们到公司从事业务。"[10]也就是说,如果你是这300人之一,你的作为将被高层所关注。如果这被认为是场赛马比赛,那么,你也会在竞争中得到极大的提高。

亨利·沙赫特(Henry Schacht)对于范希尔的二分法思考了很多。他认为单纯的赛马糟透了:

如果你想发起赛马,你必须明确,"除非我在他们的互相竞争中看到他们的表现,否则我是不会真正了解他们表现得到底如何的。"需要让他们置身于一个互相竞赛的较长时段,其间他们的表现将由任何事先制定好的标准来评判。

我对此的主要忧虑是,竞争的环境是否比合作的环境更有建设性?赛马本身就是竞争,而且它带来连锁的竞争反应——不只在竞争对手之间,而且在大公司的各个机构之间。[11]

沙赫特又谈到了另一个关键点。如果一个公司以赛马的方式管理,也就意味着最有才能的人总是或明或暗地竞争最高职位,于是竞争就成了公司的核心标志。沙赫特赞同切斯特·巴纳德的观点,认为竞争是好的,但平衡才能制胜,他说:"我认为取代竞争的应该是一种合作占优的模式,这种模式让我们认定是一群候选者有一天将负责运营整个公司。我们应该谈谈选择的标准是什么,我们自己在选择时要心中有数,我们选择的时间也应相对提早一些。我们选择的时机应当是我们和这些候选者之间已经建立起合作关系时,并且我们希望可以在很长的时间里依靠这些有才华的人。比赛马所能提供的时间要长得多。"[12]

显然,韦尔奇和沙赫特所寻求的工作环境是截然不同的。他们管理接替的方式直接反映了他们的判断,这也是显而易见的。

分清竞争与合作:对公司有益的做法

为了实现竞争与合作之间的平衡,现任 CEO 必须找到一种包容的,也是能和那些有才能的下属们分享快乐和荣誉的管理方式。毕竟,公司的未来可能就要依靠这些下属了。

当赛马结束或是接力棒已经被传递出去时尤其如此。在大公司的领导层接替到来之前数月,商业媒体通常已开始捕捉赛马的迹象。它们给竞争者设置不利条件,宣布胜利者和所谓的失败者,这给公司最终留用这些所谓的失败者带来了不小的障碍。通用电气公司的杰夫·伊梅尔特讲述了在掌管公司几个月后他如何应对这一挑战:

我们有 30 万人,每一个我都关心。但当你真正接管了这样一家公司后,你发现你尤其想留下最顶尖的 30 人。

因此你必须选择一种方式去与你想留下的人沟通好。我就想和他们在一段时间内建立一种合作伙伴关系,令他们感到自己和公司之间有更多的利害关系而不仅仅是工作关系。这样你便真正抓住了这些人,并使他们投入公司的事务。[13]

注意,伊梅尔特刚接管公司,就想着如何留住最优秀的人才为公司工作。他努力去和他们建立合作伙伴关系(他们最终成了他的执行委员

第五章

会)。同时,伊梅尔特又经常和他的资深副总裁研究,挑出这群人中具备成为好人选特质的人,并朝着将他们培养成最终 GE 的领导者而努力。

这把我们又带回了本章开头我提出的观点。接替程序很可能反映了公司的管理方式。在大公司中,接替程序通常开始得比较早。不管对于公司还是参与其中的个人来说,接替都是一个渐进和发展的过程。

成为 CEO 需具备的关键特质

CEO 需要具备一些什么关键特质呢?这个答案在某种程度上来说,是由公司在其行业中的特殊性而定的。然而有一些特性普遍适用于各种高层领导职位的人。雷富礼谈到了宝洁公司在这个问题上的做法,即制定出一套广泛适用的标准:

我们会根据已有的标准来观察候选者的表现,并会通过他们长期的行为来考察他们的一致性和持久度。我们使用记分卡来了解每个人累积的业绩绩效,以及金融和组织方面的绩效。我们会观察这些候选者的领导才能和管理技巧是如何提升的。我们问自己:"这些候选者是否把公司的利益以及企业和组织的长期健康置于短期的金融和营业绩效之上?"

以上的这些评估及所得的数据确实是重要的,然而这些都只是参考,最终只是形成个人的主观判断。究竟如何通过这一过程找到真正适合的人选呢?怎样才能确认宝洁公司每一个处于重要位置的管理者的性格特点呢?

首先,由于我们基本上是一种内部建设的文化,公司的同事共事了几十年,都极为熟悉,彼此互相了解的程度就如同了解自己的家人一样。我们也会用全面的 360 度反馈评价机制对候选人进行评估,从刚做到总监职位的高层领导人选开始。我们用 360 度反馈评价机制评价所有总经理、业务部门总裁以及职能部门领导在内的一百多号人。不仅如此，我们还会从曾合作了几十年的一些外部顾问那里寻求反馈，这些人很了解我们的公司和企业文化，并且和公司里大多数的业务开发经理都有过接触。这些评价有助于我们深入地了解每个候选者。[14]

这套标准既在意料之中，又有一定难度。也就是说，列出这些标准很容易，但知道你在某人身上找到了全部这些特征却很难。事实上，这也是支持接替者应是内部局外人的强有力的论据之一，毕竟你了解自己人比了解外人要深入得多。雷富礼对此进一步指出："为什么我们想真正了解'那个实实在在的人'，而不只是数字？这是因为选拔包括CEO在内的高层领导，并不是只考虑他们财政上的廉洁性，或是事业上的业绩就可以的。宝洁作为一家有169年历史的老牌企业，我们关心的是最广义的正直与性格，因为每天与宝洁的供应商、客户、外部利益相关者以及员工们打交道的宝洁领导人必须是他们信任的人。这是宝洁的最高律令，也是宝洁在下一个169年乃至更多169年里继续存在和发展所必需的。"[15]

我想谈一谈雷富礼总结的特性中正直这一点。可以看到，这也是他对自己评价的总结。雷富礼认为，这里所说的正直并不能仅仅简单地定义为一个人不会偷偷地从糖果罐里拿走什么，而应该对其有更广义的理解。让我们听听美国运通公司的哈维·戈勒布讲述他选肯·谢诺尔特的原因吧：

为什么选择了肯？CEO通常选择好老二来辅佐自己。然而好老二身上所散发出的特质往往恰好与CEO的特质重合。我第一次意识到肯是当CEO的料是在一次大家谈论公司业务和面临的问题的会议上。肯是当时唯一一个不顾自己老板暗示而敢于站起来明确指出存在的问题的高级主管。这证明他是个有勇气的人。勇气是成为CEO必不可少的

第五章

条件,然而这里所说的勇气并不是指血气方刚,而是在即使他人都否定你的情况下,仍然具备做决定所需要的信念、能力和意愿。[16]

如此看来,勇气是十分重要的。然而以我对接替程序的切身观察,领导者最关心的,是他们选出的那些可能的接替者是否成就动机过于强烈,以至于不惜牺牲别人来成全自己的野心。这也是"正直"的另一个维度。最近一项由斯科特·斯伯瑞尔(Scott Spreier)、玛丽·方丹(Mary Fontaine)、鲁思·马洛伊(Ruth Malloy)所做的研究就尖锐地指出了这个问题:

在商业活动中,不管是对单个管理者还是这些管理者所领导的团队而言,渴望成功都是主要的动力。这一渴望带来激情与活力,帮助公司长期成长和保持业绩,成就动机也因此更加强烈。我们已经用了35年的时间来评估主管们的动机,在过去的10年中,我们发现将自我实现作为首要动机的人员数量正呈现稳步增长趋势。公司业务也从中获益,主要表现在:生产率提高;创新加快,表现为每年获得专利的发明数量迅猛增长。

然而成就动机也有不好的一面。由于过度关注任务和目标(通常是指收入和销售目标),主管或是公司可能会慢慢损害业绩。成就比预期更大的人更容易养成指挥和支配他人的习惯,而不是指导他人或是与他人合作,这样也会扼杀下属的积极性。他们习惯走捷径,却忽略了交流关键的信息。他们可能对别人的疾苦不闻不问,他们所率领的整个团队的业绩也会受到损害,甚至可能无法实现最初激发其孜孜以求的目标。[17]

实际上,当领导者们考察某管理者是否具备成为一名出色领导者的正直特性时,都会考虑到上述情况的发生。吉姆·科林斯在讲述"第五级领导者"时也提及了相同的问题。这些人将看来不可能很好融合到一起的谦逊与职业意志结合在了一起。他们的确雄心勃勃,然而他们的抱负首先不是为自己服务的,而是将公司的一切摆在了首要和最重要的位置。[18]这些人首先考虑的是公司吗?还是他们被野心驱使而以自己为中心?这个问题相当关键,为了找到答案,一些聪明的公司便动用了很多的机制来考察他们,像雷富礼提到的360度评价机制、由外部的专业顾问进行的心理评估,以及花几个月或是几年听其他人如何谈论这些候选人,等等。

那么,在所有其他条件平等的情况下,这给了内部局外人一点优势。

扑面而来的各种挑战

让我们再来看雷富礼总结出的候选者应具备的另一个特质,即预见变化的能力。

我在哈佛上MBA时,曾经和我的同学跟随一位叫约翰·林特纳(John Lintner)的极为睿智的教授做研究。这门商业经济学课有项作业,要求我们在不确定的情况下进行预测。为了能更清楚地说明不确定性的重要性,教授问我们这样一个问题:如果我们可以和上帝通电话,让上帝来告诉我们接下来将要发生的事,这样就可以把所有的不确定因素排除,这时的我们又将如何处理事件?

这是个可以令我们将某类学术探讨继续到更深层面的一个有趣的视角。然而每一位CEO和他或她的董事会都知道这样一个事实,即世界上并没有一根电话线可以将我们和上帝连接起来。大多数时候,前景是未知的,不可预料的。

关于接替问题,就更是如此。几乎所有人,也许是所有人,他/她在某些情况下的表现会优于其他情况下的表现。如果所面临的挑战是快

第五章

速增长,领导人所要做的工作,就会同市场不景气、竞争不断加剧的情况下所要做的有很大差别。若是公司业务保持目前的运营模式,那么需要某种领导。若是出现紧急情况,需要业务本质的根本转变,比如说,从垂直一体化转型为关注终端客户,那么另一类领导将有用武之地。

对于公司的领导层来说,在 CEO 从选拔到接替的过程中,他们面临双重挑战。首先,因为那些领导者们(很可能是现任 CEO 及董事会),必须推测一下在未来若干年中公司除了正常的业务规划和经营之外,还可能面对一些什么样的特殊情况。以战略发展为背景而制订的规划对于选拔接替者是不够的。CEO 和董事会还必须有更长远的眼光、更深层的洞察力。

第二,董事会必须接下来找到能符合他们需要的人:"我们已经和上帝通过话了,他已经告诉我们十年以后我们需要哪种领导。"

但这又带来了另一个挑战。作为现任的领导团队,我们只关注已然的领导者,对吗?我们只会去评估那些已经形成了某种思维模式的人,这种模式能成功判断和应对公司环境。研究者们有时将这种模式称为"认知固化"。"认知固化"似乎含有贬义色彩,但其实是保持连贯性和效率的前提条件。如果没有这一套假设,在遇到任何问题时都不得不从零开始思考,领导者会一筹莫展,而他的团队也会有挫败感。一旦"从零开始"思考的结果与先前的决定发生冲突,领导者就会被指责为出尔反尔。

所有领导者都会利用一套假设去未雨绸缪。当他们看到发生的情况带来问题时,他们通常都会去完善已有的计划,而很少去变动他们的假设。

我们就是在找这样一类比较稀罕的人:他们有坚定的信念,当市场情况发生改变时,又能重塑信念以适应现实的需要。这不仅仅是一种预见变化的能力,也是一种改变自己的能力。如果你被内部的思想同化得非常严重,那就不可能改变什么了。这就是为什么外部视角如此重要的原因。如果你得不到外部视角，你就无法改变假设。

我们都自认为自己是灵活变通的，但我们不得不承认，大多数人都做不到。那些着眼于管理者制定战略时的思维模式的研究者总结出大多数的管理者并不能从根本上调整他们的人生观。我曾同一些几十年成功经营大企业的人一起工作，可以说，他们都是非常有成就的领导者，然而几乎他们所有人都认为，需要改变的时候是最艰难而痛苦的。这些时候所带来的教益与反思也是充满伤痛的。可能最能说明问题的是，有关人士简直想不到在接替过程的初始阶段要做那么多改变。之前的领导在选接班人时不可能预料到这些改变，被选中的人也不可能预想到。

维多里奥·默洛尼，欧洲家电领域第二大生产商——默洛尼家电公司（现在是意黛喜）的创始人和董事长，有一次跟我谈起在公司做大过程中所面临的挑战：

事业刚开始的时候，眼光总是狭隘的，因为那时你并不确定能否成功。当你对市场有所了解以后，你就能迈第二步了。对于我们来说，第一步是在市场上站稳脚跟。第二步便是在我们的优势领域快速抢占市场、超越对手。我们的第二步便是生产出全新外形的并以一位女士名字命名的玛格丽塔（Margherita）洗衣机。不同于以往的工业品，它是一件营销品，取得了极大的成功。

再往下走则是要接管我们的竞争对手之一——意黛喜了。合并以后，我们在很多国家都占有了很大的市场份额，算是一家欧洲公司了。1993年，也就是柏林墙被推倒四年后，我们进入了东欧市场并占据了第一的位置。同时我们新雇用了一位可以使公司更专业化的CEO。每走一步，你都必须处理一堆新问题。[19]

从英特尔的安迪·格鲁夫的论述中我们也可以看到相同的论调：

差不多每五年我们的目标就会改变。我们成立五年后，目标变为了

第五章

使公司成为一个在电脑存储器的市场竞争中能够与其他对手相抗衡的团队。五年后,我们要在微处理器上有所作为。五年后,要把有前景的微处理器做成一个真正的市场。五年后,使我们的公司成为个人电脑业的领军力量。

有趣的是,如果你早十年去确定这些目标,那么它们将没有任何意义。[20]

值得注意的是,这些论述都来自那些在各自公司做了几十年领导的主管们。他们对于改变的重要性有着正确的判断,毕竟他们的公司在相当长的不同阶段中都经历了变革。然而还有很多领导者都只有很短的任期。他们只能经历公司发展的一个,或者最多两个时期,这样他们就比较容易仅从其中一个发展阶段反映出的情况,而并非纵观各个阶段,来思考问题。不论在感情上还是在组织结构上,他们只对当下的假设承担责任。

当CEO和公司董事会考虑接班人时,他们也基于当下的假设,但他们应该尽量打破这种局限。他们需要像对公司情况极其了解的外部人那样思考。雷格·琼斯20世纪70年代末为了给在通用电气公司的换届做准备,布置了这样一项任务:广泛研究经济、政治和科技领域可能出现的发展。那次研究的结果为20世纪80年代提供了极其有价值的前瞻。雷格后来回忆道:

我所经历的十年,刚好是商业和政府不得不建立某种对话机制,实现友好,以便双方都能从对方角度更好地理解彼此的时期。杰克·韦尔奇则正赶上经济增长变慢、国际难题增多、人口结构的变化引发共有价值观改变的时期。所以我需要的是能更好适应这一环境的比较年轻的接替者。

我又感觉到,通用电气公司在自己的技术领域即将开始一场大变革，需要找到一位真正懂技术的人，只有这类人才不会被油嘴滑舌的人误导。毕竟若是你对相关知识不是很精通，你便很容易被迷惑。我在杰克身上找到了应该具备的一系列特质。[21]

让我们来看看表5—1。这是一家比通用电气公司规模小得多的公司确定出的一套评估标准，它在纽约证券交易所里一直属于数十亿美元的等级，并只集中经营消费品。这些标准是由董事会和一家寻找经理人的顾问公司（猎头公司）共同确定下来的。

这家公司没有一个关于CEO运营环境的书面说明。董事会认为，除了竞争更激烈以外，其他情况大同小异。

表5—1　X公司寻找CEO的选择标准

领导能力	高瞻远瞩的能力	运营能力	客户关系能力	财务能力	建立关系的能力
● 本能的、进攻型的领导能力 ● 道德标准高 ● 对人确实感兴趣 ● 倾听能力强 ● 领导整个机构的能力	● 有战略眼光和建设倾向 ● 能为公司设计和实施长期的可行规划	● 积极的身体力行的管理能力 ● 钻研产品和营销网络的能力 ● 指导年轻高级管理人员成长的意愿和能力	● 强有力的客户关系和营销能力 ● 能够与关键客户共同高效工作 ● 掌握客户如何对公司产品进货与销售，了解公司是如何获益的	● 财务和谈判能力 ● 理解资产负债表 ● 理解运营和财务风险之间的关系	● 与董事会和投资人建立关系的能力 ● 有能力为项目建立外部支持系统

注意第四栏中的"客户关系能力"，董事会似乎只对当下的假设负

第五章

责。换言之,它含蓄地选择保持对现有产品和市场的关注。同时,董事会在找一位能切实为公司未来谋划的人(见第二栏"高瞻远瞩的能力")。这是个极其典型的例子,董事会认为没必要从根本上转变观念。

让我们把这种世界观与雷格·琼斯的世界观对比一下。我们之前提到过,雷格认为通用电气公司下一任 CEO 应当具备同他自己完全不同的技能组合。通用电气公司对于形势发展的研究揭示了科技在现今成熟市场环境下的日益重要性。琼斯继而总结出通用电气公司的领导者应该:(1)懂技术;(2)极具进取心。但如果他的结论是世界需要一些具备"常规技能"的人,那么表 5—1 中给出的标准就很适用了,而且很可能选出一位具有实干风格的,能对现有业务的营销、财务和人员方面进行深入挖掘和管理的领导人。

大多数公司都认为自己能很好地预测未来的环境,即便它们不知道如何应对这种环境。我们曾经在第一章里探讨过,如果业绩不佳,需要一套新技能来适应新形势。哈佛商学院的拉凯什·库拉纳曾在他的《寻找公司救星》(Searching for a Corporate Savior)一书中探讨过这一现象。[22] 他发现当一家公司的董事会认为他们面临的形势非常艰难时,他们很容易否认内部候选者的才能,而从外部找寻一位声名显赫,又能显著提高业绩的 CEO。

然而这种做法和我们在这一章中的分析相去甚远。它低估了了解新情况的艰难程度,也反映出董事会对于从自己公司选拔高层领导信心不足。

我想强调的是从外部寻找一位有影响力的 CEO,与寻找拥有新技能的人完全是两回事,即使结果看来差不多。耐克(Nike)让庄臣有限公司(S. C. Johnson & Son)的 CEO 威廉·佩雷斯(William Perez)接替耐克的创始人菲尔·奈特(Phil Knight),是为了使耐克在原有成功的基础上引入品牌建设和市场营销的新方法,从而扩大胜利果实,成为鞋和运动装的最大供应商。耐克很快便总结出经营鞋和服装所需要的技能完全不同于经营家具蜡。

家得宝公司（Home Depot）——全球最大的家居建材用品零售商，雇用在通用电气公司接任大战中输给杰夫·伊梅尔特的罗伯特·纳德利（Robert Nardelli）时，这家由创建者管理的公司想要寻找一位拥有高级专业管理技能的人，公司领导人确信自己的公司中缺乏这类技能。刚好家得宝公司的创始人之一是通用电气公司的董事，因此他对自己公司需要什么样的人才和纳德利的才能都十分了解。[23]家得宝的董事会也认识到在通用电气公司行得通的并不一定是家得宝公司所需要的。

如何做到未雨绸缪

要想选出一位领导者，参与选拔过程的现任 CEO 和董事会成员需要回顾从前，并思考一些根本性的问题，例如：假设我们是公司的新人，会对公司前景有什么看法？公司发展的真正潜力在何处？什么样的竞争环境会削弱公司创造财富的能力？我们想保留哪部分业务？可以放弃什么业务？我们想要得到什么？

想要有个全新的思路并不容易。为什么呢？第一，这样做你是在检验当前管理队伍的想法。那些日日都要消耗能量与对手竞争、与客户周旋的管理者们很少能回顾过去和展望今后十年。安迪·格鲁夫和维多里奥·默洛尼早就认为这根本就是不可能的，他们甚至怀疑是不是能很好地展望今后五年。同时，来自公司内部的激励也是相反的。为了推行自己目前的业务计划而争夺资源的管理者们，通常不会认同提示这些计划所基于的假设是错误的研究。普遍来说，运营经理很难具有战略家的超然。

高层人员同样受到不良的激励。如果研究的结果和公司目前正在

第五章

实行的计划差距甚大,可以解读为对现任 CEO 的批评,以及给下一任 CEO 开了药方。

由于以上所有这些,甚至更多原因,公司很容易陷入"固化思维"。换言之,一家公司目前的目标、政策以及实现目标的计划形成了一种战略环境,这种环境使得思维固化了。[24] 有很多研究和案例都揭示出这种环境下形成的思维是不容易改变的。公司怎样管理、客户怎样创建、人才怎样得到激励和提拔能够反映领导者们怎样思考战略。一段时间以后,伴随某种战略而形成的行为方式植入了公司文化。这就是公司做生意的方式。

为了更好地理解这一点让我们再来看看英特尔的例子:当存储器产品在市场上的销售额已经下降到 4% 以后,公司仍把自己定义为"存储器公司"。这说明固化思维是多么顽固。

如果我们认同这样一种观点:那些制定并实施战略的领导者不可避免地带着某种惯性在进行战略思考时,那么考虑到未来的发展,我们就必须想出一种能令公司独立于它借以存在的假设之外而运行的方式。只有这样才能拥抱不同的观点。有先例证明这种方式确实可行,只是困难一些。它需要训练有素、目的严肃。董事会在这方面比 CEO 更有优势。通常被拿到董事会上讨论的事务都是 CEO 在知识技术细节上非常有优势的,他们能凭此改变计划和政策。但是在展望未来方面,情况可能就大不相同了。

董事在选择战略时,不仅考虑到使用能够得到 CEO 和管理层有力支持的方案,他或她更加注重未来可能需要的变革。事实上,很多研究通用电气公司从琼斯到韦尔奇的换届例子的人,惊讶于这一切竟然真的发生了。韦尔奇卖掉了犹他国际公司(Utah International)和大部分的 RCA,这就等于撤销了琼斯最有魄力的收购。他解散了琼斯时期通用电气公司赫赫有名的庞大研究机构和规划机构。也就是说,韦尔奇完全丢弃了他所继承的一切,而种种迹象表明,琼斯早已预料到了他的这些做法。从这里你能得出一个结论,选择韦尔奇接任自己,可以说是琼斯最了不起和最无私的成就。

能够思考"我们面临着什么?"这样的问题的公司必然要考虑到自己内部是否有可以给出答案的人。当然,各种类型的顾问几乎是必不可少的。这也意味着大公司通常都会同猎头公司保持密切联系。即便是那些在选拔和培养人才方面做得很好的公司也发现会有失误的地方,而这些失误恰恰是猎头公司或是寻找经理人的顾问能帮它们避免的。[25]

由于猎头公司本身来自外部,所以它们有时能很容易地就发掘出优秀的内部局外人。反而是公司的内部人员容易低估内部局外人的潜力,因为只有有限的迹象表明一个内部人员可以驱动变革。毕竟,若是公司的高层内有一个活跃的思想家,他或她很可能一直在雷达下飞翔,也就是说,为了在组织中循规蹈矩的人中间保持良好的声望,他/她压抑了自己自由活跃的一面。然而猎头公司有办法找出这样的人。

再者,很多公司并不确定内部的候选人是否合适,因此它们想看看外部候选人是什么样的。猎头顾问靠给公司推荐有吸引力的候选人吃饭。通常,这些顾问会先提供大概有十个至二十个候选人的名单,随后协商出一个人数较少的名单,名单上的人都是公司认为可能合适的人选,等公司在此基础上确定出最终的候选名单后,就安排面试了。

猎头公司在这一过程中的贡献是不可小觑的。它们知道谁有能力并打算跳槽。它们能找到这些人,但不说出找人的公司是哪一家。它们能牵线为双方创造初步了解的机会并为双方保密。它们还能把面试安排在自己公司进行,这样保密措施就得以实施了。当然,还有一点就是,它们能不断提供新的建议。

另一个体现出猎头公司重要性的原因是,很多公司都没有培养出董事会认为足够胜任的候选人。这通常是因为公司没有花时间去培养人

第五章

才。CEO 有时还会妨碍选拔的过程，从而令一些合适人选离开。有些时候，公司业绩下滑产生危机使董事会认为只有外部人才能让公司摆脱困境。从以上这些例子中不难发现猎头公司存在的意义。

因此，猎头公司可以在接替过程中起到关键作用。战略顾问是另一个重要角色，特别是在要做出前瞻性研究的时候。为了使研究结论更客观而且有理有据，通常需要现任领导者给予认真的配合。

用未来的眼光来衡量 CEO 职位的候选人，这使我们又回到了本章开头所提出的观点：对接替程序的管理是整个公司管理不可或缺的一部分。一家公司的管理者们若是习惯于在分析所处境况时抱着实事求是的态度，那么他们就可能像雷格·琼斯一样做到向前看，不受已有决定的影响。然而在现实生活中，大多数管理者对制定战略都很头疼。对他们来说，再把这一战略调整得适于管理接替程序就非得有神助不可了。

从一种方式到另一种方式的转变

CEO 即将离任的日期就像一座灯塔锁紧董事会和高级经理人的注意力，特别是在那些注重培养领导者的公司，有太多的人关注着这个转折点。值得我们注意的是，CEO 的计划离任时间通常是由董事会设定的，而不是由公司章程设定。因此，董事会通常都会在合理的范围内延长 CEO 的在任期限。但当离任这一天即将到来的时候，一切都不一样了。

CEO 对于离任的看法因人而异。一位公司的创始人就拒绝和我讨论这个话题，他这样说道："我不想谈论我的死亡。"还有一类人，尤其是在任期内干得很好，并对他们的接替者很满意的 CEO，把离任当做一件值得庆祝的事。查克·奈特(Chuck Knight)，爱默生电气公司(Emerson Electric)的前任 CEO 就谈到等他离任后，他就不用每年到中国出差九次了。沃尔特·里斯顿（Walter Wriston），花旗银行（Citibank）的传奇CEO告诉我他离任后唯一真正舍不得的就是公司的飞机（如果在今天，他很有可能通过协商，将飞机纳入退休福利）。一些人不想离任，设法拖延，给董事会，也给公司的管理带来麻烦。然而也没有人想要成为"废人"，有些人其实早早离任。

这期间公司走过了哪些里程碑？第一个里程碑就是关于常被形象地称为"信封中的名字"的讨论。CEO会与一些董事或是整个董事会讨论如果自己某天"被汽车撞了"，那么接替他的人选是谁。不管候选者是谁，无疑都会引发一系列讨论。

如果距离CEO离任日期尚早，那么因"被汽车撞了"而讨论出的候选者通常都不在最终确定的候选人之列。信封中的候选者应该是一位对整个公司都极为了解的高级主管，他能掌控财政来源，并且能在船长遇到不测时稳稳掌舵。根据这些标准，这个人通常来自CEO的核心集团，并且要比最终的接替者年长。

若是一段时间过去了，而CEO一切正常，情况又会有所不同了。为计划中的接替所做的工作更多了，新的人选也出现了。董事会又开始对一两个更年轻的候选者感兴趣了，"信封中的名字"的讨论又有了不同的含义。换句话说，董事们参与到了下一个更正规的接替程序，甚至是接力棒传递。

通常，CEO都会在自己离任前的几年就和他最信赖的朋友讨论离任这个问题。杰克·韦尔奇说他一直都在和他的主管人力资源的高级副总裁讨论接替的事情。我作为董事也遇到过相同的情况。我以董事身份担任着几家公司的薪酬和提名委员会主席，每次我同CEO谈话时都会涉及接替问题的一些方面。委员会至少每年也会正式讨论一次相同的问题，会议期间大家私下谈论的是类似这样的问题："劳拉干得怎么样？""比尔接手新任务还顺利吗？"

关键是人们一直想着接替这件事。在差不多临近接替的五年里，所

第五章

有高层领导都关注这件事，而摩擦就从这里产生了。之前提到过，能领导一家大公司的人通常都有很强的竞争意识。管理接替的过程相当于驾驭一场随时可能发生的政治竞赛。候选者怎样调节压力是最重要的，如果他们不能掌握好这一点，他们可能毁了整个公司。

马莎百货的理查德·格林伯里爵士想到他将于1998年退休，因此他在1994年就设定了接替程序。他这样讲述这一过程：

我快58岁了，副董事长克林顿·西尔弗（Clinton Silver）也要退休了，在我眼里，他是我们这行里最棒的商人之一。

这样51岁的基思·奥茨就成了唯一的执行董事。虽然他不像其他董事会成员一样一直从事零售业，又只和我们一起共事了十年左右，但他在马莎百货以外的公司积累了相当多的经验，特别是拥有很多处理国际问题的经验。因此，我认为作为一个有成熟判断力的商人，他无疑是最合适的副董事长人选。

还有另一个原因让我选中了基思·奥茨，那就是我认为他的技能和我的刚好互补。所以，我准备在我还在任的四年半的时间里，考察三个至四个苗子的表现。

候选者的年龄至关重要。因此我不得不对跟我相差两三岁的董事们说："抱歉由于你们和我年龄差不多，会和我同时或是早晚我一两年退休，所以即使你们有很高的天赋，也不可能接替我的职位了。"

这就让我特别关注到了比我年轻一代的人。为什么不现在就开始训练他们，使他们开始学习承受压力呢？迄今为止，还都是克林顿替他们掌握大局。我认为该让这些年轻人学习如何作为执行董事，而不是董事来经营业务了，让他们体验一下在各自的领域享有自主权。

这一过程差不多让我用了18个月来反复思考，事实上，在最初的一年里，除了非执行董事，我没有和任何人谈论过这个问题。[26]

注意,很有趣的一点是,在这一过程中年龄是很关键的。通常,一位管理者在 CEO 位置上可能工作时间的长短是决定候选人能否被提升的关键(大多数公司都相信,或至少说它们相信,CEO 应该能有相对长的时间来管理培养接班人计划以及进行交接)。注意格林伯里曾解释说,第一步,他提拔了一位高级经理人——基思·奥茨成为副董事长。为了避免他人认为他有传递接力棒给基思的嫌疑,他也提拔其他一些人,让他们在同一个环境中锻炼,这样就可以看出究竟谁最有能力成为 CEO。换言之,他发起了一场赛马。

为了使竞争更公平合理,格林伯里同时选择了另一位 51 岁和两位 46 岁的候选者。他这样选择也是考虑到了他们背景的互补性:奥茨是金融领域的,另三人是服装、食品和店铺运营领域的。需要注意的是,奥茨被选中并不是因为他是能力最强和最适于接替的人,而是因为他的技能与董事长的互补。

实际上,奥茨就是装在信封里的"万一 CEO 遭到不测"时会起用的人。之后阻挠这一程序发展的很多问题(在第二章中曾提到),都源于认为奥茨是早已定好的法定接班人的假设,当格林伯里后来把其他三个候选者的工作打乱时,就更被他人认定如此了。格林伯里让那三个人彼此互换工作是为了增加他们的经验,但却被其他人认为是对这三人没有信心的表现。

再看看这是一个多么孤独的过程。格林伯里在同四名非执行董事讨论这个问题之前花了 18 个月的时间去思考。这发生在 1998 年计划接替那一年的四年前,也就是说,整个过程从任满前五年半就开始了。漫长和孤独是这一过程的特点。我们会看到,大多数 CEO 都不止和他们的非执行董事讨论过这一过程,然而当真正操作起来他们就会在相当大的范围内独自实施。

一个极为不同的例子是 20 世纪 70 年代通用电气的那次接替过程,

第五章

雷格·琼斯最终选择了杰克·韦尔奇。下面是一段琼斯对哈佛商学院某EMBA班的讲话。我在这里引用它是因为它提供给我们一个独特的视角去了解琼斯,甚至是通用电气公司,在面对公司历史上的具有决定意义的重要关头时,是如何迎接信息收集的挑战的:

我用过的方法之一可以被称做"飞机式面试"。

在没有事先通知的情况下,我和七八位候选者分别进行了一次几个小时的谈话。他们并不知道会面的目的,而且我也确信他们并没有告知他人。每个人进来的时候都异常惊讶。即使在谈话后,他们也不会告知他人,那是因为没有一个人愿意让别人清楚地了解谈话的目的。

你叫一个候选者进来,关上门后,点上烟斗,让他放松。之后你便开始谈话了:"比尔,假设你和我一起乘坐的公司的飞机失事了……你觉得谁有资格成为下一任通用电气公司的董事长呢?""一定会有幸存者的。""不不不,我的意思是假设我们都不幸罹难了……你认为谁应该成为通用电气公司的董事长呢?"这种问题确实让他感到棘手。他支支吾吾,闪烁其词。你就这样跟他谈了两个小时。从这次谈话中你是能了解很多东西的。

当你这样见过七八个想要替代你的竞争者后,你就会惊奇地发现自己了解到这些人的气场关系:哪些人合作得很好,哪些人之间又互相厌恶。由于你和他们在这一过程中进行的是完全私密的谈话,因此像这样的结果都会表现出来。

和所有的候选者都谈过一次以后,下一步我要做的就是三个月后再重复一遍这样的谈话。这一次他们事前都猜到了,而且经历过一次也有经验了。他们拿着记录本准备要记下对他们的评价,你可以看出经过这一程序后,他们都成为政治家了。我们又用了两个小时进行了一次和上次一样的谈话。

我一边对这些候选者进行面试,一边也问那些我可以与之谈话的高级经理同样的问题。他们都是和我差不多同时退休的人,都不会参与到竞争中来，因此他们的意见很具有参考价值。通常这些人都是高级员工。

你可以从这些人的反应中看出谁应该经营公司，哪些团队会合作融洽，哪些人应该被淘汰等。我会向董事会的管理发展与薪酬委员会的五个成员介绍这些意见，当然，也向主管人力资源的副总裁介绍，毕竟他是非常了解这些候选人的人。

下面的面试仍然分为两次。第一次是在没有事先通知的情况下进行的，你仍旧是把一个人叫进来，对他说："还记得我们关于飞机失事的谈话吗？""嗯，记得……"一提到这儿，他就开始紧张得出汗了。"这次我们假设我们乘坐的飞机出事了，可结果是我死了，你活下来了。那么你认为谁应该成为通用电气公司的董事长呢？"

这一次你同样会看到很多有趣的反应。一些人并不想参与进来，会回答你他认为谁是适合的人选。还有一些人会对你说："我就是最适合的。"你这时就回应他："好，如果你认为自己是最适合的人选，那么请你谈谈你认为通用电气公司面临的最大挑战是什么？你能预想到公司未来会处于什么样的境况？你计划施行什么样的项目？还有谁应该成为公司管理层的成员？"你会了解到人们之间具体的气场关系，关于人际关系方面。你在事先告知的情况下对候选人进行第二次面试，这一次他是有备而来。他们带着笔记本，你们之间的谈话也是在充分准备的基础上进行的。

这就是我们搜集信息的途径，我们还会把这些信息同董事会的管理发展与薪酬委员会，随后，包括整个董事会分享。董事会通过对整个接替程序的参与，在清楚地了解这些人的基础上，选出了三名候选者做副董事长。

我们随后让这三名新晋候选人在我负责的一个行政部门工作了大概15个月，为的是让董事会对他们有更深入的了解。他们参加了全部

第五章

董事会会议,并且在工作场合和社交场合中都有机会同董事们沟通。经过这么一段时间,董事会最终有了董事长的人选。[27]

需要关注的是整个选拔过程持续了多长时间。琼斯从1978年就开始了第一轮的讨论。第二年的8月份他选出了三名候选者做副董事长。琼斯曾经明确地询问了候选者他们认为公司未来的发展形势如何,并且他们又将如何应付这种情况。对于候选者来说,他们可预见的选拔程序就要持续一年半。最终选定韦尔奇成为CEO已经是将近两年后,也就是1981年的4月了。我们不难想象在这一过程中,候选者们不得不与政治打交道,特别是当候选者中的六名被任命为分部主管并被调到通用电气公司总部之后。时隔20年后,韦尔奇一想到当时的政治色彩仍然觉得很无趣。

在整个过程中琼斯起了非常重要的作用,这是让人感兴趣的另一点。虽然他将得来的信息与董事会的管理发展与薪酬委员会分享,并随后告知整个董事会,不可否认的是,董事会得到的信息都来自琼斯。琼斯收集信息的广泛性和整个选拔过程的公开性令人印象深刻。他最后又充当了翻译和记者的角色:信息都是从他这里发布出去的。整个过程不可避免地带有强烈的政治色彩,令人想起斯大林关于选举的评论:"是谁投的票并不重要,重要的是谁统计票数。"琼斯控制着整个过程,因为他就是计票的人。

先前介绍的杰克·韦尔奇选择杰夫·伊梅尔特的过程全然不同。韦尔奇向我讲述了这一过程,我依然仔细记录下了他的感悟:

从1994年开始,我就和人力资源部的领导者比尔·科纳蒂(Bill Conaty)、副董事长保罗·弗雷斯科(Paolo Fresco)以及来自人力资源部的一位同事查克·奥可斯基(Chuck Okosky)一起把大部分精力都用在寻找有潜能的人身上了。我们这个团队选出了一份长长的名单。

1994年6月，董事会的管理发展与薪酬委员会有了一份23名候选者的名单，随后我们将这些年轻人安排到不同的工作岗位上，为他们创造积累经验的好机会。我们想要看看能否从高层人员以外发现一名最适合的候选者。我们试图让他们处于不同的境况中，例如成本上升、企业成长、同国际接轨、大转变等等。

到1998年的时候，韦尔奇的团队确定了三名候选人：

董事会同我们提到的候选者都有过接触。他们之间的会面都是私下的。因此董事会对这些候选人很熟悉。

他们可能一起外出，一起去看球赛，聊到很晚，还一起吃晚餐。候选者会提前问我："我能告诉他们什么？"我回答道："诚实地回答就行了。说什么取决于你自己。"……情况因人而异，但最后薪酬委员会都会把对他们的评价告诉我。

公司是这些董事的。董事在这些人的老板不在场的时候来和他们谈论公司的状况和发展战略及趋势。这样不错。

此外，在最后两年中，我安排同每位候选者有次私人晚餐时间。这有一些像雷格用的方式了，不同的只是把地点改在了办公室之外。差不多每个人都明确表示，如果他们不能最终被选上，他们就将离开。

这让我极其不愿意做出一个决定。我不愿意听到他们辞职的消息。首先，我欣赏所有这些候选者，我认为他们在不同程度上都能很好地胜任那份工作。我希望他们能像现在一样，不去考虑他们的职位，而继续为公司创造效益。他们确实取得了巨大的业绩。如果我内心从三个人中挑了一个，我不可能一直对另两位若无其事。

这三个候选者都具备成为CEO的能力，并且他们都愿意，而且是非常渴望成为CEO。我希望最终被选出来的人能够服众，并且在接下来的三至五年内不会由于两个失望的落选者在侧而受到困扰。毕竟如果落选者的压力过大，他们就不得不离开。我宁愿他们把离去的原因归咎

第五章

于我,而不是归咎于他们自己。

有一天我洗澡时突然想到了一个好主意,后来证明是这些年来最好的点子。我决定当他们都还在任时,让他们选出他们认为可以接替自己的三个人来。在四月份我和他们经过一次长谈后,他们都选择了自己的接替者。六月的时候,我问他们:"为什么我们不这样做呢?"

于是我宣布了继任人选,我确保我们的团队知道了谁将是未来的上司,外部的分析师和投资方也看到了公司的稳定性。自从大家都知道了谁将接替这个事实后,各种传言不攻自破。

当我第一次用这个方法时,董事们的反应都是:"天啊,你真是发起了新一轮的挑战,不过这次似乎是最后一次了。"我回答道:"是啊,但我更愿意这最后的挑战由我发起,你们难道不认为这是很好的主意吗?"他们都同意这确实是正确的想法。

现在,董事会的成员们都开始抒发自己的意见了。十月的董事会会议上,不仅我陈述了自己的想法,也让两位副董事长——丹尼斯·达默曼(Dennis Dammerman)和鲍勃·赖特(Bob Wright)以及比尔·科纳蒂表达了自己的看法。于是董事们纷纷发表意见。[28]

最值得关注的仍然是整个接替程序持续的时间:经过六年才有了最终的结果,其中包括用了四年的时间在三位候选者中选出最终的一位。就像在马莎百货一样,变换岗位的做法使得候选者积累了不同的经验。与极有影响力的雷格·琼斯的先例不同的是,这次并没有建成任何一级新组织,而候选者们也就仍旧在自己的领域管理业务。他们靠业绩而不是在总部的政治活动来竞争。非常重要的是,韦尔奇让他的董事会成员,有时是一个人,有时是几个人,一起来视察候选者所领导的业务工作,视察的时间由候选人决定。董事会成员由此有了直接印象。但注意这时董事会成员并没有想探询候选者们对于公司未来发展有何看法。

CEO 的接替程序

也许他们都把这个问题留到了一对一谈话的时候。

IBM 的郭士纳对于选拔过程的描述为我们对这个话题的探讨做了有益的补充,它阐明了一种大家应该已经认清的模式:

在我的劝说下,为了管理层的发展,董事会很早便建立了一套严密的接替程序。它主要由我录用的深受董事会和我信任的两名优秀的人力资源部员工负责。他们对这一过程提供了机构记忆:

每年十月的董事会,都会在下午四点到六点这两个小时间讨论管理层的发展问题。而且每次总是很快就会有董事提道:"假如你被一辆运酒车给撞了,公司和我们该怎么办?"因此大概早在 1995 年时,也就是我刚接手两年后,董事们在研究管理层发展的会议上就很自然地讨论起了接替问题。

我们会对我的直接下属逐一审核,也会看一部分别人的(大概有 20 个左右居于要职的人的)资料,了解他们的情况,讨论我们对他们未来发展的潜能如何看待、他们可能达到什么样的职位。我们还谈论第三梯队,那些崭露头角的有朝一日可能成为公司最高的三四个职位领导人的人,以及我们有哪些举措帮助他们成长;女性和少数族裔也是我们要谈论的环节——我们是否在帮助他们获得晋升的机会?

差不多四年后,董事会已经对这些人很了解了。同时,我也对他们有了一定认识,我看到他们在我们期望的目标上是如何表现的,承担新任务和新责任时又是如何证明自己的。到了 1998 年,我在内部选了三个可能接任我的候选者。我要确保他们定期向董事会汇报工作。同时在董事会方面,董事们不仅会花时间去了解这三名候选人,也会花时间去了解其他人。[29]

我想要再举一个查克·奈特在基础技术和制造业巨人爱默生电气总部所在地圣路易斯管理接替程序的例子。奈特本人来到爱默生电气公司

第五章

就是通过不一般的途径。作为他父亲的公司——莱斯特·奈特公司(Lester B. Knight)的首席顾问,他做了40项有关爱默生电气公司的研究,其中最后一项研究是挑选下任CEO。他通过这些研究了解了爱默生电气公司的所有业务和最核心的管理人员。因此,当他被选中时,与其说他是外部人,不如说他是个名副其实的内部局外人。

奈特做爱默生电气公司的CEO长达27年之久。在这期间,股东们分到的红利平均每年高达15%。在奈特看来,接替程序只是另一个必须管理好的阶段。

我举奈特和爱默生电气公司的例子有两个原因。第一,它鲜明地告诉我们交棒式可能始于赛马式。第二,虽然奈特向董事会和其他人寻求意见,但整个程序由他个人掌控。奈特回忆道:

1995年,也就是在我离任的前五年,我去董事会谈这个问题。我告诉他们:"虽然我还没有想过自己什么时候离任,但我认为该开始接替程序了。"我们谈论的第一件事便是不在公司外部挑选候选人。我们讨论公司内部是否有人能够胜任,庆幸的是我们确实发现了这样的人选。我选出了希望对其开展评估的五个人,并向董事会承诺随时告知他们进展。董事会同意了。他们在这一过程中并没有单独和候选人谈起接替这个话题。这样做是为了避免过早地分散注意力而给日后的最终决定带来麻烦,毕竟最终的决定权在董事会手中。当然,这并不代表董事会和候选人不见面,董事会还是会与候选者例行地正常会面谈论其他话题,并且通过这样的见面使双方充分了解。

通过IBM,我认识了波士顿的一位极有才能的顾问,她同时在为百事公司和其他几家公司服务。她和她的团队根据他们拥有的CEO业绩数据库建立了三种参数:参数一是成功欲望,参数二是与人合作的能力,参数三是所谓"权力动机"。

五名候选人都同意针对这三个参数进行评估。其实我并不确定他们是否愿意被这样评估,但他们确实同意了。在评估结果出来后,那位顾问和我一起分析结果。她告诉我结果显示,其中一名候选人并不是合适的人选。而当整个程序完成时,我们发现她的分析是对的。

候选人之一的比尔·戴维斯(Bill Davis)选择了提前离开。他是五人中最年长的,如果我们不尽快做出一个决定,他就准备去另一家公司了。我告诉他我们还没有准备这么早就确定CEO的人选,随后他就去掌管R. R. 唐纳利公司(R. R. Donnelley)了。这样,就剩下四名候选人了。

外部评估只是我们判断他们是否适合CEO职位的参考之一。除此之外,我还让每位候选人回答一些关于经营战略的问题,比如:你将如何改变管理过程?你所希望的爱默生电气公司的组织结构是什么样的?

在整个接替过程中,我想要确定下来的另一件事便是能有一个对公司有五到十年以上深入了解的领导团队,这样,新上任的CEO就可以起用已有的领导层,而不需要大重组了。所以我给他们的问题之一便是:你认为哪个职位需要哪个或哪些人?不同的候选人有不同的回答,这很有趣。我也会问他们:你认为我应该做什么?假设你坐飞机出事了,你会选择谁接任你?这也就是在问,如果你当不上,你认为谁会是一个称职的CEO?还有最后一个问题:如果今后我不当CEO而留任董事长,你如何看待这次权力更迭?

我邀请每位候选人单独来我在密歇根的家。我妻子和我同他们共进晚餐,大家随便聊。第二天吃过早餐后,我们就开始谈论他们给出的问题答案。我们可以想聊多久就聊多久。

我想告诉你的是,这种方式非常好。经过头天晚餐时和他们的沟通,到第二天一早,我已经能了解他们在想什么了。这真是使人获益的方式。[30]

第五章

　　这一过程持续了两年,在这期间,奈特和四位候选人的谈话主题大多集中在他所提的问题上。难怪,在这一相当长的过程结束后,他对每一位候选人都有了深入的了解,甚至知道了他们对同伴的看法。比如,显然并不是每位候选人都认为每个竞争对手都有能力胜任这个职务。但他们仍然在猜测自己的竞争者究竟是谁,因为奈特并没有把他们都召集到一起谈这个问题。

　　奈特择机提升了其中一位候选人——乔治·塔姆克(George Tamke)做联合CEO,这是一个新设计的职位。然而最终,塔姆克选择离开了爱默生,奈特也尊重他的决定。塔姆克之后成为了全球私人股票投资公司Clayton, Dubilier & Rice的合伙人。

　　在接替程序进行当中,奈特定期与董事会以及董事会的薪酬委员会会面,向他们说明进展。同时,经营方面的压力成为了另一个考核候选者们的"检验场"。奈特回忆道:

　　在这五年中,公司最重要的一项经营遇到了一些难题。这时,两名主管被委派解决难题,其中一名便是四名CEO候选人之一。但他们两人都没能解决问题。

　　随后,戴维·法尔(David Farr)接受了这项挑战,并用两年时间扭转了局势。当然,董事会一直在关注着这一切,并且他们意识到这是一项很大的业绩。他在两名能者败阵之后接受任务,只用了很短的时间就成功了。他这次的成就给我留下了很深的印象,因为这是公司最重要的业务,对今后公司业绩的整体表现起到关键作用。这件事之后,我和戴维进行了一系列谈话,他表达了关于管理过程、发展方向、组织结构等方面他认为适用于公司的极有说服力的观点。

　　在这一相当长的过程中,奈特召集了一个非正式的小组,成员包括:长期任职的董事会成员、两名公司的高级职员、一名外部公关主管、一名外部人事顾问以及那位来自波士顿的顾问。那一年的夏天，他们达成了一个共识，那就是都认为戴维·法尔是最适合的人选。奈特说：

做出了这个决定后，我告诉了董事会，他们也同意。那时正是秋天，我们便商量应该在来年的早些时候任命新的 CEO。但我又觉得不应该因为接近年尾而拖到来年。我和董事会就此又商量了起来，而这时公司的年会也即将召开。一到年会就可以把公司 400 名高层管理人员集合到一起。我就想利用这个机会，于是便向董事会建议在年会上任命新的 CEO。很荣幸地，我在 400 人面前宣布了这一决定，并且得到了极为广泛的赞同。我又做了四年董事长，后来又做了荣誉董事长。

这是六年前的事情了。戴维和他的团队极为出色，他上任后我们没有失去任何关键的运营人才。

好，让我们现在简要地谈一谈在达成共识和完成任命以后面对的又一个巨大挑战：过渡期。

顺利度过过渡期

让我们假设你已经选好了一名非常优秀而合适的候选人，实际上这种假设在本章所给出的很多事例中已经成为了事实。你找到了韦尔奇或是伊梅尔特或是法尔，下一步该做什么了？从严格意义上来说，过渡期管理虽不是寻找优秀的下任 CEO 程序的一个环节，但它足以影响到新任 CEO 工作上成功的概率，特别是在最初也是最关键的几个月里。因此，一个成功的接替程序部分取决于妥善管理的过渡期。[31]

基本的道理很明确，然而就像经营管理中遇到的情况一样，细节往往决定最终的结果。如果接力棒传递给候选人了，就应该确定接任的日期，毕竟这意味着公司的变化。董事会在这中间起着重要的作用，因为

第五章

他们才有权选择公司的高级职员。

处理赛马式的结果往往更复杂一些。最典型的做法是先把好消息告知胜利者,让其保守秘密,然后静静地等待落选的候选者收到坏消息。这个结果最终需要向所有人宣布,通常这项任务不属于董事会或是即将接任的新 CEO,而是现任的 CEO。

如果董事会解雇了 CEO 而他/她又不情愿离开,情况就会立刻变得很尴尬了。那些没有经历过太多这种事情的董事会成员们通常会抱着好奇的心态去看一个被解雇的 CEO 能制造多大的混乱、引起多大的麻烦。往往即将离任的 CEO 都能收到一笔数额巨大的遣散费(即便表现很差),因为董事会希望用金钱换来他们平静离任。[32]

财经版的标题可能让公司感到尴尬,但开弓没有回头箭。我们应该把注意力集中在怎样正确地做事,或至少是更好地做事上。从宣布新任 CEO 人选到其真正就职那一天之间的间隔是尤为重要的,需要认真安排好。通常这段时间就会持续好几个月,而且通常大家搞不清过渡期内谁掌大局。比如说,即将卸任的 CEO 会留在董事会里吗?会成为董事长吗?是短期的还是长期的?

过渡期的工作根据不同情况也无定式。可以想见,不同的做法反映出了即将离任的 CEO 的禀性、董事会扮演的角色以及新的接替者是内部人还是外部人,等等。让我们在此先谈一些一般的看法:

对于内部人来说,过渡期的工作主要有:

- 了解一下近些年来在高层并未被告知的经营情况
- 透彻研究公司的财务状况
- 了解如何管理关键的支持者(如董事会、资金来源等)
- 树立自己作为公司领导者的威信
- 阐明自己对于公司事务轻重缓急的判断

而对于一个外部人来说，过渡期所要做的事情则有很大不同，基本上完全是了解情况，包括以下内容：

- 了解公司里的人
- 了解公司财政状况
- 了解公司的业务
- 通过一些途径向公司介绍自己、展示自己

让我们先来谈谈内部人的过渡期。我通过三次采访内部人了解到，应对这种挑战的方式实在是千变万化。这些方式不仅反映出现任CEO的个性，同时也反映了公司总体的管理风格。

我曾和杰克·韦尔奇谈论过过渡期的问题，他对于离任CEO的建议言简意赅："离开，留在这里你只会带来麻烦。"[33]

当然，这个警句成立的前提是此前大量工作的铺垫。韦尔奇掌管了通用电气公司20年，而他选择的很有潜力的候选者们，也都掌管公司中很大的业务。所以，像之前介绍过的，这些候选者对CEO的工作有充分的了解。他们与董事会密切沟通，向银行和华尔街分析师报告他们的经营状况，与政府官员交流跟经营相关的事项，并通过许多方法提升自己。

作为候任的董事长，杰夫·伊梅尔特与韦尔奇团队的高层成员以及公司的领导者都有接触。事实上，伊梅尔特想要保留一些韦尔奇核心团队里的关键人物，最有趣的人选是比尔·科纳蒂，他负责企业管理层发展。

郭士纳以另一种有益的方式处理了过渡期问题。作为一个成功接替的外部人，他想要把接力棒传给内部人彭明盛。在过渡前期，彭明盛是COO，说明他具备掌管一家800亿美元公司的能力。

担任COO期间，彭明盛在社交场合及私下里都会和董事们见面。

第五章

郭士纳同时请一位即将退休的极有才华的IBM高管约翰·汤普森（John Thompson）当副董事长。郭士纳给出了一系列战略问题让汤普森来研究。郭士纳、彭明盛和汤普森的办公室相邻，他们每周都一起讨论问题，在这个过程中，他们会让彭明盛参与到广泛的外部和战略事务中来，这些都是作为一名CEO需要负责的事。郭士纳认为让彭明盛和同事商量这些事比和上司商量要容易，与此同时，郭士纳也参加到讨论中来。事实上，彭明盛相当于有了一位私人助理，而这位助理还具备局外人所有的技能。

不久，在董事会同意选择彭明盛后，彭明盛也同意郭士纳继续担任九个月的非执行董事长。当然在这段时间，郭士纳工作的时间要少得多了。郭士纳一直认为，在新CEO上任的最初的、也是最关键的几个月里，应该要让他/她的前任留在身边帮助自己。毕竟，前任不仅对经营有着极为透彻的认识，而且也希望能看到他/她的接替者成功。

郭士纳的这种想法大概部分源于他自己融入IBM的过渡经历。他请一位已退休的高级主管保罗·里佐（Paul Rizzo）回到公司为他提供一些处理战略问题的指导和一些行政管理经验。郭士纳认为里佐在自己了解IBM的过程中起了相当关键的作用。他这样讲述道："保罗·里佐是我在早期最可以倚赖的人……保罗在IBM做高级主管兼董事有22年之久，他退休后去北卡罗来纳大学的商学院当了院长，并在那个州盖了新房子住下了。他完全不必回到IBM，但他最终还是回来了，因为他热爱公司，他不想看着公司倒掉。"[34]

爱默生电气公司的查克·奈特用了另外一种方式去安排他的过渡期：他选择继续留在公司做两年非执行董事长。他确实把接力棒传给了新任CEO戴维·法尔，但他选择了继续当董事长以便能帮助法尔。回想起来，他认为自己的这个举动能帮助法尔集中精力处理他应优先处理的事情，而不用花精力去与董事会周旋或是被一些"无关紧要的事务"占去时间。35事实上这种处理现代过渡期的方式在爱默生电气公司是很典型的：前任CEO不用去管难度高的任务，像是每日的运营，但仍旧在发挥着管理和交际作用。可以说，在这整个过程中，领导不曾中断。

调查显示爱默生电气公司的这种方式正在迅速消失。在美国，日益普遍的做法是现任走人并且也不再任职于董事会。但在一些情况下这样做可能对公司造成损害。一般只有在一些私人企业或是家族企业才会出现例外，因为在那些公司中，通常董事长才是控制公司运作的关键人物。然而在欧洲，情况刚好相反，CEO卸任后成为董事长屡见不鲜。

郭士纳启用保罗·里佐这一创造性做法道出了对于几乎所有外部人来说都很具挑战性的一个事实，那就是他们对公司的确不了解，除非格外幸运，他们不可能在数月之内了解公司最关键的数据。这也许并不是因为有人对他们心存恶意或者故意抵制，而可能仅仅是因为现任管理层对公司情况缺乏真正的了解。在郭士纳的著作里，他讲到他到任以后没过多久就做了一个对IBM电脑主机减价的决定，这当然是受到公司财务部门强烈反对的，毕竟，电脑主机销售是公司最主要的赢利业务。反对的人认为这种短期的降价会加剧公司本已面临的艰难处境。没错。但郭士纳的做法更有理。电脑主机的销售一直是IBM的核心业务，然而市场占有率却直线下滑，只有忍痛降价的做法才能保住市场占有率。

之前就提到过，对于一个来自外部的CEO来说，先了解公司情况才是头等大事。传统的想法也许要推迟实施在电脑主机上削价的决定。然而有些事是不能耽误的，必须要当机立断。这就是为什么公司愿意打破传统，从外部选择CEO的原因。

IBM是幸运的，郭士纳也是幸运的，当然，不可否认的是他也是有才能的。但这个例子引出了我的一个核心观点：你在管理公司和接替程序的过程中必须把依赖运气的成分降到最小。如果你选择的是一个内部局外人，那么你就已经做到这一点了。你不必倚赖里佐这样的内部

第五章

人,也不必冒用今天的钱办昨天的事的风险。

董事会的角色:衡量公司的另一个标准

很明显,董事会在公司关键程序上所扮演的角色是目前人们很感兴趣的话题。冷静的 CEO 和公司治理理论家普遍认为:CEO 的接替是董事会应最主要负责的事。

他们能达到如此罕见的共识的原因之一,便是因为大多数国家的公司法都规定,董事会或与其相当的机构有法律义务选出 CEO。即使不去考虑法律的规定,也还是会从对管理有利的方向上达成共识:由董事会选出 CEO 有利于管理接替程序。但真的是这样吗?董事们除了按照法律要求签上名字,他们还能为接替程序做些什么?事实上,他们能帮助判断公司的未来境况并对人员进行独立的评估。

我相信如果应对本章前面所提到的一种挑战,董事会能发挥重要作用,这种挑战就是对形势发展方向的独立看法。事实上,如果能很好地选择董事会成员,他们每个人都能发挥很大作用,比如他们能利用各自在技术上和市场上积累的经验来提供极有价值的意见,而这些宝贵的经验都是公司赖以生存的东西。当然了,他们所处的位置决定了他们要求管理者对关键问题提出独立见解。他们总要询问公司的未来,总要评估可能适合的接替者的才能。最终,他们也可以帮助高管(以及其他董事会成员)入门。

举例来说,一位科学家董事,可能会建议某些高管去参观自己的实验室。一位零售商董事可能邀请产品设计师到一些代表着流行趋势的新店看看。20 世纪 80 年代时,那些同达到世界一流水平的日本竞争者有过接触的董事会拉着不情愿的高管到领先的日资工厂去参观。(这样的一幕在 20 世纪 90 年代时重演过,当时那些逃避现实的高管被拉到了上海浦东去看中国的发展。)

当然反过来,确实存在着某些董事的知识体系过时的问题。直到今天,仍然有相当多的其实是很精明的董事不能真正了解互联网的潜能。他们把互联网单纯地看做是另一种寻找信息或是寻求商业贸易的渠道,而不能把它当做一个全新的场所,其间卖方和顾客之间的互动使产品和服务完全被重塑。在这种情况下,CEO 有责任帮助董事会了解未来的变化,让自己的老师们跟上时代的步伐。CEO 要管理他或者她的董事会,这个过程很微妙,需要小心对待。

于是我们又回到我在本章开头部分所谈到的观点:接替必然反映公司的管理方式。如果董事会实时参与公司事务,那么董事会的贡献就不仅仅是在最后做决定的时候,而是在公司整个接替发展过程中。通过董事会的薪酬委员会,董事可以对正在掌管公司的人有所了解。[36] 他们可以要求了解比简单的优缺点更多的东西(举例来说,他们可以和 CEO 以及负责管理层发展的主管一起讨论来自 360 度或类似机制的反馈意见)。这些信息可以使董事会了解公司及其领导人不断进步的情况。

董事会成员还可以要求和公司的高层举行会议。他们可以通过高管提交的研究报告和项目报告,以及高管在公司战略会议上的表现,对这些高管做出评价。一些公司要求大笔投资项目的提案人或是提案团队要向董事会报告有关情况,通常来讲,这是非常有益的做法。两三年后,就要对项目进行资本审计了,这也是项目负责人需要陈述投资后的具体情况的时候。

当公司的部门或团队分散在不同地方时,董事会或是一些董事会成员去实地了解这些不同的部门和业务,并和主管面谈,是非常有用的。这种会谈还可以帮助了解管理人员和下属的关系如何。

董事会对情况了解得越多,对 CEO 就越有利。这些忠于职守的外部人把他们观察到的高管的优缺点完全展现在 CEO 面前。CEO 往往

第五章

会了解为什么某个人适合某个职位,尽管他或她有缺点;CEO注重的是综合看待个人情况。而董事们则更容易关注缺点以及这些不足之处会给组织带来的不可避免的影响;如果这些董事尽职尽责,他们不会允许不能兑现诺言的人占据重要职位。

反之亦然:董事们可能发现一个平常并不张扬的领导者的才能,而这种人才之前却被CEO忽视了。相似的情况是,某个在个性上与CEO有冲突的中层领导者所具有的实力,更容易被外部人,而不是恼火的CEO发现。

董事会还可以帮助CEO将管理人员发展提到重要的议事日程。我在第一、二章曾经强调过,现代的CEO为管理公司运营和制定公司战略而疲于奔命。这些大忙人往往忽略了招收和培养公司高管。这件事可能交由他人负责,甚至可能无人负责。

CEO总是说:"人是最重要的财富",而他们却常把人当做一种投入来使用,也就是说,把这件东西买来,使用,等寿命到了就把它丢弃。这些CEO告诉我他们也知道应该把一些关键人员纳入管理人员发展项目,但没有时间。通常这是指CEO没有从他或她的日程表里腾出一些时间去思考这件事并实施它。

而董事会恰恰就能解决这个问题。董事会成员可以坚持将这项发展计划提到日程上来,并且将实施它作为发放激励薪酬所依赖的工作目标之一。他们也能确保在项目实施后的几年里,董事会仍然会对此项目保持关注并将其作为重要任务。我听说在那些董事会把管理层发展当回事的公司,董事们认为管理层发展项目真的取得了进展。当前的研究指出,大多数公司认为高级人才发展和审核程序还不完善。[37] 董事们说了很多,无非是想告诉我这已经成了亟待解决的大问题。

在本章将要结束的时候,我必须要提到有一些CEO并没有意识到自己有种错误的观念,即他们认为董事会只是"橡皮图章"(即例行公事批准他人已做出之决定的人或机构),也就是说,和董事会成员在星期三下午打打高尔夫是可以的,但做重要的决定还是不要扯上他。这种情况也就意味着董事会除了象征性地签署文件、让 CEO 的决定生效以外,不会对接替程序起任何其他作用。不得不说这是公司的损失。

我想再重申一次,你管理公司的方式在很大程度上反映你管理接替程序的方式,以及你能找到什么样的接替者。

第六章 许多企业在接替问题上失败的原因

前面几章已经陈述了接替程序应该遵循的基本原则。表面上看,在这一过程中除了耐心和恒心外,其他的每个单一环节并不是很困难。然而,在这一章的开头我要说,一切并不是想象中那么顺利。

博思艾伦(Booz Allen Hamilton,BAH)的咨询事务所每年都会对过去五年世界排名前2,500的上市公司开展一项调查,以清楚地了解管理人员的人事变动情况。

博思艾伦在2004年所做的报告主题为"世界上最杰出的临时工"。报告以一段强烈的话语作为开场白,内容是这样的:"2004年商业世界出现的最不悦耳的声音便是CEO被剥夺了权力。"[1]

博思艾伦的作者们曾提出这样一个婉转的疑问:是否由于丑闻和随之而来的管制干预的原因,使得公司普遍走到了极点?公司CEO是否大权旁落?

随后作者对这个问题给出了肯定的答案:"我们已经到了转折点——不只是在北美洲,甚至是在欧洲和亚洲——这些公司超过14%的CEO在2004年离任了,而在这些离任的人中,又有将近三分之一的人,也就是111个CEO是因为与业绩有关的原因或是因为与董事会意

第六章

见不和而被迫离职的。这个数目占了目前世界上全部 CEO 人数的 4.4%。"[2]

2005 年的系列报告标题为"浪峰"。博思艾伦的研究人员再一次发现，公司最高层管理人员的变动率高得惊人，并且大多数的变动都是非自愿的。研究人员描述道："2005 年，世界范围内的 CEO 离职率又创新高，有超过七分之一的世界级大公司变动了领导人员，而在十年前这个比例只有十一分之一……公开解聘的比例同样接近最高点：被解雇的顶级 CEO 的人数是 1995 年的四倍。十年前，股东期待 CEO 为他们管理财富；今天，投资者指望 CEO 给他们挣钱。"[3]

如果你像我一样假定报告里提供的数据都是真实准确的，我们就能得出这样一个结论：目前公司中的接替程序是失败的。事实上，这种失败是一种全球性的现象，2005 年日本几乎有五分之一的 CEO 丢了岗位，就是鲜明的例子。

为什么会普遍而频繁地出现这种情况？最明显的原因就是我之前提到的，现任 CEO 的权力被剥夺了，有时甚至不清楚权力被移交给谁了。我个人不认为这些权力是给了董事会，或是应该给董事会。在前面几章我曾提到过，董事会最主要的角色是兼职顾问。他们虽然在接替程序中起到非常积极的作用，但只是作为公司管理过程的一部分。公司的权力需要掌握在那些管理着公司日常运营、为公司赢利的人手中。接替程序是这些人的主要职责之一。

另一个用来解释离任情况频繁发生的原因，便是最近出现的公司并购（M & As）高潮。从逻辑上来说，每一单并购都会消灭一个 CEO 位置——至少在一些情况中，这也是支持合并的一个微小却有力的理由。在统计学上，这是引起人事变动的原因之一。

然而迄今为止，引起离职的最大的原因则是博思艾伦的研究者们所说的与业绩相关的原因。在当今激烈的市场竞争环境中，公司的业绩很难达到投资者满意的程度。当业绩不如他们的期望时,投资者就会有怨言了。以下有一个关于这个问题的统计:欧洲、日本和亚洲的其余地区已经追上了美国,也就是说,人事变动率已经在15%左右了,而其中因为业绩原因离职的占到了25%(因合并引起的占20%,剩下的55%则是常规流动)。[4]

如果你再深入探寻一下CEO的失败,你会发现另一个有趣的趋势。在美国有超过三分之一的被免职的CEO似乎是因为业绩不达标。而在欧洲,因表现不佳而离任的CEO占到了离任总数的40%。这种状况已经持续了至少十年:CEO的平均任期在缩短,而因业绩不佳而离任的频率在不断提高。

接下来,让我们再深入地研究一下这个现象和引起它的原因。

世界变了

如同与接替相关的所有事物一样,以上描述的负面趋势也反映了各种力量的相互作用。公司管理出现了许多新课题,博思艾伦的作者也总结说,管理课题是至关重要的。但我个人的研究显示,许多工作中的潜在力量实际上更为强大和更为基本。在下面的章节中我将列举几个最重要的例子。

金融的性质正在转变

长期以来建立的传统银行关系简言之已经被纯粹的转账交易体系所取代,许多金融资本以公司债券的形式出现。结果如何呢?原先握有企业债务的银行家被证券商所取代,后者向机构和公众发售债券,坐收佣金。

对于证券商来说,判断不重要,会玩数字游戏才重要。为了快赚和

第六章

多赚现时收益(挣到佣金),他顾不上深思熟虑。公司长期发展战略和领导者沦为从属,其后一旦债券的价值走低时持有者显然是要套现的。这是一种简单的交易,不存在构成公司业务长期持久发展基础的借方和贷方关系。

所有权性质正在转变

同时,股票的所有权结构也在发生变化。说得夸张一点,公司股票的所有权从管理者的手中转移到了投机商的手中。从表6—1中可以看出,不断增长的趋势是,在短线交易中,个人投资者被机构投资者所替代。

股票交易市场的规模超过了公司的规模(实际上,在美国,共同基金的数量已经超过了上市公司的数量)。2006年,私募基金、风险投资、绝对返还基金(包括对冲基金)的资金总量超过了2万亿美元。[5] 机构投资者的持股期很短。他们是投机商,而不是管理者。他们用越来越短期的业绩标准来衡量公司,如果企业没有达到业绩标准,他们就抛售。

实际上,今天的机构投资者已经不太像一只眼盯着长线的投资者了,他们更像掠夺者。他们根据分析家的分析进行投资,而这些分析家会因每季度所分析企业的业绩情况被排名,如果排名靠前,收益就会滚滚而来。

表6—1 资金市场上机构投资者所占比例(1970—2005)

1970	1980	1990	2001	2005
在资金市场上机构投资者所控资金比例				
32.4%	41.4%	49.9%	56.9%	66.5%
纽约股票交易所交易总额中所占比例				
19%	36%	46%	94%	102%

来源:*Securities Industry Fact Book*(2005),63;*New York Stock Exchange Fact Book*, www.nyse-data.com。

表 6—2　各种类型的资金持有者所占比例(1990—2005)

	1990*	2005
信托公司	17.2%	11.5%
投资公司	5.6%	10.6%
共同基金	6.6%	18.6%

*1990 年的投资总额为 1.7 万亿美元,2005 年为 8.5 万亿美元。

来源:美国联邦储备流量统计,第 4 季度,2006(表 L.213),www.federalreserve.gov。

图 6—1　世界范围内主动收购示意图(1980—2006)

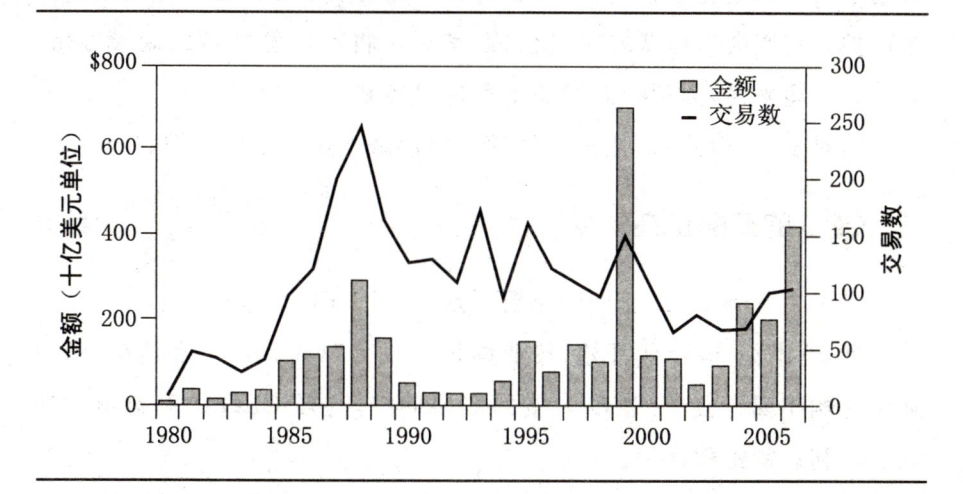

来源: SDC Platinum, Thomson Financial 的一个金融产品,www.thomson.com。

收购的性质正在转变

金融和所有权性质的转变为控制公司创造了一个巨大的市场。一旦公司的股价没有达到业绩标准,它就有可能被收购,因为,1) 有大量的游资来提高购买价格;2) 投机商所有者渴望出售股票,只要价格合

第六章

适。

请看图 6—1,在 20 世纪 90 年代末期交易的金额出现了明显的峰值,而在网络公司泡沫破灭和"9·11"恐怖事件发生后,出现了市场紧缩。根据这些数据,可以清楚地看出,一旦钱和贪婪并驾而至,收购就会发生。随后,CEO 被扫地出门。

竞争的性质正在转变

在全球竞争使得公司越来越难以实现其业绩目标的情况下,金融和管理也不可避免地发生着改变。在现实世界中,以出口为导向的战略更有利于新生的制造业企业,因为它们有更低的成本结构和更好的市场政策保护。它们会迅速获取市场份额,然后再将市场份额做成规模经济。对于大公司来说,为利润而战的生存是很残酷的。

而对于 CEO 来说,快出业绩的压力丝毫不亚于出好业绩。

CEO 的薪酬正在转变

另一个影响 CEO 任期的重要因素,就是 CEO 的薪酬。

从 20 世纪 90 年代开始,按业绩付酬成为时尚。在很多情况下,以业绩付酬体现为授予 CEO 大量的股票期权,这样 CEO 的利益就和股东们的利益紧密相连了。

关于股票期权所带来的明显问题,存在着无休止的讨论。我不想在此重复这些讨论,只是想对影响 CEO 任期和接替的要素补充一点看法。期权的拥护者忽视了一点,股东是投机者,他们希望利用短期的投资快速获取利润。他们要四处寻找机会,并在 CEO 的个人激励方式上打主意。他们会找到一位愿意和他们一起玩球的 CEO,削减成本,提高收益,把股价推到高限,使期权价值攀升。此时他们准备出售股票,甚至出售整个公司,使自己从并购中获得可观的溢价收益。如果交易的资金来

许多企业在接替问题上失败的原因

自于对冲基金,他们所获得的溢价会相当可观。

即使没有过分的贪婪,依然会出现同样的问题。从一个成功企业的管理团队中挖一个 CEO 人选,原来的企业一直是他的安身立命之所。让他到一个新公司甚至是一个新行业来处理棘手的局面。这些人不傻,他们能看到风险,他们想要一份双赢的合同。这样他们如果成功的话,会大赚一笔。如果他们离开公司甚至卖掉公司(例如家得宝公司的罗伯特·纳德利和吉列公司的詹姆斯·基尔茨)他们也会大赚一笔。

把一个有犯罪倾向的竞争者引入混乱的局面中来,其结果将是一场浩劫。重温一下可怜的 AT&T 公司,为了追上世通公司的神奇业绩从而达到华尔街的期望值,拼了九牛二虎之力,解雇了上万的员工,放弃了原有的发展战略,最终我们发现它的真实战略被世通公司用假账战略彻底摧毁了。

CEO 要做什么?

一个不太诚信的 CEO 左右开弓,靠着一些骗人的把戏就期望成为最好。但经营企业并不是做游戏。世通公司的前任 CEO 伯尼·埃伯斯(Bernie Ebbers),因为制造了假账风波而被抓,要在牢里关上 25 年。这就是个教训。[6]

在大多数诚信的 CEO 看来,"CEO 应该做什么"这个问题很难回答。

答案之一便是卖掉公司,特别是对于一个来自外部的 CEO 来说。上文提到的博思艾伦称由于兼并收购而引发的离任比率从 20 世纪 90 年代的 12% 增长到 2005 年的近 20%。

轶闻证据表明现在有一些游侠式的 CEO,他们从一家公司跳槽到另一家就是为了获取丰厚的赔偿金。随着在工作上想要保持长期成功

第六章

的可能性降低，CEO 的任期也很可能随之缩短。若是 CEO 能取得意想不到的成功，最典型的一种酬劳方式便是给一笔一次总付的奖励，奖励方式与股票相关（例如股票期权、股票增值权等）。而当这些游侠 CEO 因表现不佳而需离职时，他们也会得到一笔相当可观的离职金。CEO 与公司一样都有赢面。

的确，这些"酬金一揽子计划"相当诱人。谁还会关心人们挂在嘴边的 CEO 能"按业绩付酬"中业绩的部分？

那些既不想走捷径拿钱走人又不愿意把公司养得像圣诞肥鹅一样的 CEO 应该如何做呢？答案可能让人不那么舒服：尽可能制定最完美的战略，全力以赴执行战略，并同投资方以及（更为重要的）董事会建立好关系。同时，在接替计划上要倾注精力，这也是这本书关注的焦点。如果你能将以上提到的这些都做得很好，那么你选出好的接替者的机会将大大增加。接替者将像你一样制定战略、认真实施、培养人才，甚至比你做得更好。

董事会要做什么？

让我们假定董事会并不是我们之前所说的橡皮图章机构，而是有真正的威信和权力的，它也很愿意行使它的威信和权力。在萨班斯·奥克斯利法案（Sarbanes-Oxley Act——在安然公司倒闭后引起美日股市剧烈动荡，投资人纷纷抽逃资金的情况下，为防止和保证上市公司出格丑闻不再发生，由美国参议员 Sarbanes 和公议员 Oxley 联合提出并获批的一项法案。——编者注）生效以后，这种假定并不是凭空想象，而是一种法律推定。

不管有没有 CEO 的帮助（这要根据接替过程中的具体情况决定），董事会都需要按部就班地找到一位最适合的人选来掌管公司。

许多企业在接替问题上失败的原因

那么，董事会又将如何达成这个目标呢？不难看出，最适合管理这一程序的人就是曾经有过这方面经验的人。然而经历过裁员和一些内伤，这些人可能心有余悸，以致很多机构记忆和内在能力也随之丢失了。若真是这样，董事会就更有必要参与进来了。

你已经了解到：董事会既可以从外部选择适合的接替者，也可以从企业内部挑选。一般情况下，他们也会雇用猎头公司。公司按照内部接替程序挑选接替者，猎头公司会在公司外部搜索人才，两者同时进行。猎头公司在向外寻找时，更容易把目光投向几家大名鼎鼎的人才工厂。例如，通用电气公司和宝洁公司是寻找通才的好地方，百特公司（Baxter）则是技术人才的聚集地。董事会都会不惜重金去这些公司挖掘人才，希望找到最优秀的也是最适合自己公司的接替者。

选择好了接替者后的下一步工作又是什么呢？刚接替的CEO由于经验不多，会想办法在前两三年内减少支出，以求公司账面上好看一些（被称为"转型高手"的CEO更会如此，因为他们采用外科手术式的管理方法）。此后，公司业绩滑坡，又需要再次寻找新的CEO人选。通常，这些"转型高手"并没有足够的时间、精力或是技能去安排接替程序，这就需要董事会再一次去外部寻找合适的人选。

这一次，赌注会更大。鉴于先前的失败，这次自然要去寻求一个"完美的领导者"，他或她会"挥动利剑"，铲除公司前进道路上的一切困难。拉凯什·库拉纳很恰当地把这称为令董事会和公司不愉快的过程。[7] 为什么呢？库拉纳认为，即使抱着最乐观的看法，终究是人无完人。当他或她的能力快要穷尽时，同样的循环又开始了，并且仍是在同样一个数量少而且不尽如人意的人才库中遴选。

另一个需要考虑的问题便是外部的接替者多长时间就会被他人替换。回想一下第一章给出的相关数据：相比于不那么成功的公司，成功的公司（也就是指那些在接替程序开始前的两年内发展得很好的公司）

第六章

比不成功的公司解雇刚从公司外部挑选出的接替者的比例高三分之一。也就是说,管理相对差一些的公司比成功的公司更容易留住它们选出的外部接替者。成功的公司会以独特的方式进行运营,也会以某种特别的方式看待自己。它们想要最好的人选,也愿意为此投资。再一次重申第五章中强调的一点:CEO怎样管理领导者发展计划,这是董事会应该负责的事情。

在我们谈论因接替而引发的问题之前,我还想提最后一点。最近比较常见的一大类交易方式——杠杆式收购,成效是比较显著的。这些交易经常会催生新的CEO。为什么他们就能做得很好呢?我将在最后一章中较为详细地阐述这个问题,但在这里,先给出一行简短的回答:因为这些公司的所有者,而不是董事会,是由独立董事组成的。通常私募股权的买家愿意找最接近内部人的人——本行业内经验丰富、事业有成而且已经退休的CEO,他们会促使此人按照所有者的意愿建立一家公司。

引发问题的情形

为什么很多管理良好的公司在处理接替程序时总会遇到麻烦?答案与我们在本章开头所谈到的接替过程中的困难有关。不管是在运营上还是在战略上,公司都需要好的管理,这样才能在较长的时间里满足金融市场的预期。但谈到接替,管理再好的公司也会产生问题。

产生出的问题主要被分为三类:

- 现任CEO的处事方式
- 快速的增长
- 战略上的重大变化

许多企业在接替问题上失败的原因

现任 CEO 的处事方式

研究成功公司的人都遇到过一些伟大的人。这些人即使本性安静而谦恭,成功也重塑了他们的本性,改变了他们接受评价、自我评价,以及与世界互动的方式。

成功营造出了竞争的气氛,而且能使人增强自信(这在某一阶段很有效,然而过了这一时间,反而会制造问题)。成功的 CEO 的日程会逐渐被想要利用他或她成就的人或团体占得满满的。同事们出于好意开始计划让 CEO 处在一个封闭的私人空间中,以躲开"使人分心的事物"。现代公司的建筑风格加剧了这一问题,把 CEO "封闭"在行政楼层的一个大办公室里。办公室里地毯很厚,窗外风景迷人,还有守卫看管着,但关闭了 CEO 通往现实的那道门。

当然,CEO 可以而且能够拒绝这种方式。泰瑞达的创始人亚历克斯·达尔贝罗夫就将工程师的小隔间作为自己的办公室。WPP 的创始人兼 CEO 马丁·索罗则把办公室设在伦敦上流住宅区后街的一个马厩改建的房子里。

但即使有些人不自以为是并致力于畅通信息交流渠道,并且这种做法帮助他们取得了最初的成功,他们仍旧会被"隔离"起来。吉米·卡特(Jimmy Carter)任美国总统时期的一位白宫工作人员向我讲述了一个精彩的故事。美国特勤局(The U. S. Secret Service)特别关注总统的一切活动,例如有次卡特总统去戴维营(Camp David)钓鱼,当天值班的工作人员早已安排好了一切,待卡特总统放线入水时,他们将从养鱼场捞来的饥饿的鱼,放入河的上流。毫无疑问,卡特总统会惊讶于自己的好运气。他的守卫们扭曲了实际情况,只是为了给他们不辞辛劳的总统找些乐趣。

如此细心的关照和服务将割断领导人和组织中其他人的联系,甚至

第六章

是同世界的联系。即使成功的CEO深入生活,他们看到的也是被美化了的生活。康明斯公司大名鼎鼎的领导人欧文·米勒曾注意到,不论是对于CEO还是英国女皇来说,整个世界闻上去都是新涂的油漆味。

况且大多数CEO并不像吉米·卡特一样谦逊,或是像欧文·米勒一样自谦。他们享受着职位所带来的各项津贴,又喜欢运用权力。他们言称每一件事对另一件事必有强化作用,这种强化作用使领导起来更容易。如果你看起来或是做起事来显得战无不胜,你就很容易成为战无不胜的人。如果你有自己的私人电梯和飞机,你就能节省很多时间。你只要和被选出来的人谈谈,就能了解到其他人的想法。

然而散发出的这种不可征服的气质也会引发一系列其他问题。在第二章里,当谈论起马莎百货的理查德·格林伯里爵士时,马丁·杰科姆爵士提到"橡果若是在大橡树的树荫下便不会长得好。"[8]当CEO由于业绩增多而逐渐成为"大橡树"时,自然心满意足并且日子一天天更好,然而这也令他们周围的人产生挫败感、压抑感,觉得自己黯然失色。

公司就像古时候的大家庭。在健康的家庭里,父亲总要面对一个时刻:自己的儿子开始有能力向自己挑战,并为自己铺好了一条独立的道路。对于一个心态健康的父亲来说,这是一个夹杂着些许恼怒和激动的时刻:一方面父亲希望羽翼渐丰的"小鸟"可以测试下自己的"翅膀"有多硬,然而另一方面也有一些父亲仍然要求儿子们要顺从,即便这种顺从是因屈服而非尊敬产生的。当这类父亲被他们的儿子挑战时,他们的表现很糟,这对他们的儿子产生了消极的影响,使他们认为不应该去挑战,而是想要逃开,或是变得乖戾。

也有这样的CEO:他们限制和制止那些极有才能的下属展示自己,这可能会造成董事会决定不在这群人中选择有潜能的接替者。另一种可能的结果是,董事会可能会从这群才能被压制的人中提拔一名并令他短期出任CEO,与此同时,董事会会去寻找一个更年轻的,并且不是在

许多企业在接替问题上失败的原因

"大橡树"繁密的枝叶下长成的"橡果"。

这种"橡树—橡果"现象解释了为什么很多公司的内部接替程序最终选择了至少近期在公司总部外,比如海外,工作过几年的领导者的原因。这些领导者不是在树荫下成长起来的,相反,他们长在阳光下,得以展现和检验他们所有的才能。他们清楚地知道"橡树"能呼风唤雨,然而却不会盲目地崇拜。也就是说,他们是内部局外人的典范。

快速的增长

第二个因接替而引发的问题多发生在经历过快速增长的公司身上。随着接替程序到临近 CEO 换届的时候,为取得目前的成就而筋疲力尽的内部候选者在能力上可能已经快要达到自己的极限了。

让我们看一下以下的数字计算。若是一个公司的产值以每年 40% 的速度增长,一名主管进入到这样的公司,在五年内,他经营的业务就是之前的四倍了。再过五年,公司又在此基础上继续扩大四倍。我和美敦力公司已退休的前 CEO 比尔·乔治(Bill George)聊到接替话题时,他强烈表示内部候选者是更适合的人选。然而他又谈到他和董事会如何又从外部找了一个人做了好几年的 COO,为的就是将他培养成乔治的接替者。为什么他们不选择培养内部候选者呢?在乔治的带领下,美敦力公司的收入增长了七倍。乔治讲述道:"我们做选择时并不是看谁有能力带领公司再上一个台阶。如果公司保持每年增长 20% 的速率,那么在三四年后,他们就将掌管一个有着 150 亿资产的公司。内部候选者确实做得很好,然而却不是美敦力公司真正需要的。当我们从外部找来阿特·柯林斯(Art Collins)时,还有一些人不满意,然而当他们同他工作了一两年后就理解为什么我们会选择他的原因了。"[9]

规模带来组织、系统、竞争性质、与金融市场的关系、与外部顾客关系的改变。没有被检验过的人才有时的确能给公司带来飞跃,然而董事

第六章

会一般不愿意冒这个风险。

"父子"问题的另一种情况是，人们总是很容易渲染即将离任的CEO的才能，而低估接替者的贡献和才能。在职能机构中这一点尤为突出，毕竟在这种地方内部接替者没有机会去运营整个业务，不管结果是赚是赔。综合管理经验的缺乏，再加上规模问题，使得人们倾向于去寻找外部人。

战略上的重大变化

安迪·格鲁夫将"战略上的重大变化时期"定义为"业务正处于需要从根本上转变的时期"。[10] 按照这个定义，这也是一个内部接替者所拥有的技能无法很好地应对所面临的挑战的时候。我已经强调过，一个内部局外人的价值，就在于他或她具备了新形势所要求的技能。这其实就是雷格·琼斯对杰克·韦尔奇的评价。琼斯在20世纪80年代时预见到了未来的形势会完全不同，同时他认为韦尔奇的技术背景和坚韧品格能很好地适应形势变化。但是对于那些在某个企业成长起来的只熟悉一类境况的人士来说，当碰到完全不同的情势时会缺少相应的心理准备，也是可以理解的。

当董事会考虑到公司正面临战略上的重大变化，而认为内部的人缺少将公司带入一个新高度的能力，这一想法同样可以理解。他们其实是不相信自己培养起来的团队的能力，这也正常。史宾塞史都华企管顾问公司（Spencer Stuart）的汤姆·内夫（Tom Neff）和海德思哲国际咨询公司的加里·罗奇（Gerry Roche）都是猎取CEO的大师。他们指出，董事会有一种明显的倾向，当董事会认为将要面临的境况会非常不同时，董事会会低估内部人士的能力。[11]

然而以上提到的三类问题其实都是有办法解决的（第五章涉及的就是这些问题）。大橡树、快速增长以及战略上的重大变化并不是什么新

许多企业在接替问题上失败的原因

现象。有公司的时候就有这些问题了,人们可以认识并处理这些问题,虽然它们会稍微增加接替的难度。

大橡树需要给有潜能的接替者一些空间,派人员到海外任职就有这种意义。可以改变公司的组织结构,多设立一些综合管理的岗位。为了追求效率,公司往往会在做大的过程中保留过去的职能结构。然而管理拥有不同部门的新业务能获得更多长期回报,使总经理成长为能壮大企业和领导公司的人。快速的增长需要我们更加关注人才的延揽和培养。如果及早认识到这个问题,就可以通过横向招聘的方式找到人才,为几年后接替程序的正常开展准备条件。

与累进的增长相比,战略上的重大变化更难把握,毕竟提早预见大变革是罕有的才能。正因如此,战略每年都被拿到董事会的议程上研究,显得更加重要。一旦认识到正在制定中的战略需要大量来自公司外部的人来执行,就会极大地促进人才的选拔。

以上这些问题都是董事会必须和他们的CEO一起讨论的。这些问题是资源分配过程中不可或缺的一部分,如果处理得当,可以带来一系列的相关利益,包括保护公司不受投机股东的伤害。

再扼要重述一下这个残酷却不可避免的逻辑:外部人在接替过程中会面对巨大的困难;内部候选者也会遇到问题,当他们只是由于合上司的意,而不是由于自己独立的见解而获得提拔时,问题就更突出了。

一个公司必须通过招聘、组织、规划和培养来教会自己最有才能的人展翅飞翔。如果你不去培养,最终只能自吞苦果:自求多福找外部人。

第七章　特例：家族企业的接替

> 人类的正直能够代代相传，是非常难得的，这取决于传递者的意愿，因为唯有他能够担当此任。
>
> 一个共和国或者君主国的福祉，不依赖于一位在位期间谨慎执政的君主，而依赖于这样一位领袖，他能够把国家组织起来，即便他死去，国家依然能够自行运转。
>
> ——马基雅维利（Machiavelli）《李维史论》（*Discourses*）

前面各个章节的中心论题是接替管理有三个关键的特征：
- 非常重要
- 很难正确实施
- 很能反映你管理企业的整体方式

到目前为止，我已经阐述了接替，以及大的上市公司是如何管理接替的。现在，我要探讨一个与之相对应的，看起来背景非常特殊的主题：家族企业。

原因何在？因为家族企业有着重要的甚至决定性的地位，美国和欧洲有三分之一的大企业是家族企业，亚洲有三分之二的大企业是家族企

第七章

业。[1]如果我们考察所有的上市企业,超过一半的大企业是家族企业。[2]再加上私人企业,家族企业所占的比例还会增加。换言之,家族对于企业的管控权是非常巨大的。

凭直觉来看,我们剖析家族企业的接班管理是一件好坏参半的事情。好的方面是你知道到何处去找候选人,这些候选人需要具有发展企业的长远眼光。坏的方面是从家族企业中选出正确领导人会无比复杂:同胞兄弟姐妹和堂(表)兄弟姐妹的关系、父母和子女的关系、家族中收入和利益分配管理所带来的挑战,特别是家族中一些人在企业工作而另一些人不在企业工作,各种关系交织在一起,使权力接替更加复杂。

随着选择接班人时刻的到来,家族的矛盾也空前激化。兄弟姐妹采用各种绵绵不断的对抗甚至暴力苦苦争夺宝座。萨莉·宾厄姆(Sallie Bingham)被迫卖掉了宾厄姆家族的报业,而不愿意看到她的兄弟接替为领导人。普里茨克(Pritzker)的第三代甚至断送和卖掉了他们父辈缔造的房地产帝国。

无论如何,当兄弟姐妹中的一个被挑出来继承父亲的宝座时,同胞兄弟姐妹间的关系都会恶化。毕竟,大多数人一生孜孜以求的东西,不外乎权力、金钱、声望。

家族企业的接替管理:概览

我前面已经说过,接替是一个过程,它反映了公司管理的方式。理想状态下,它开始得很早,也许发生在接替者上任的十年前。家族企业的接替也反映出家族是如何管理的,尤其是孩子们是怎么培养的。家族的人际关系模式会以近乎夸张的形式展现出来,恰恰由于这些模式是由岁月细雕而成。

首先要考虑的,也是往往被忽略的问题是——企业是否应继续掌握

特例：家族企业的接替

在家族手中，如果是，为什么？好的答案有两个，第一个是几代人都达成共识，认为应该这样做；第二个是管理投资在企业内的资产是家族认为保持和增长他们财富的最好方法。

如果接班人这一代中没有一个人要去管理企业，那么强选一个也是无益。如果接班人这一代中只能消极地管理财产，或者家族的子孙单纯地不擅长经商，那么不如卖掉企业，把财富变成现金更好。所以这一章节的目的是，当我谈到"家族接替"的时候，我们谈的是缔造者已决定通过公司来管理家族财产的情况。

这又引出了两个方面的问题：

> 谁将控制以家族所有权形式体现的财产？
> 谁将控制公司的管理（不仅包括谁坐在位子上，还包括谁控制坐在位子上的人）？

哪个问题都不简单。而且在大多数情况下，它们都牵扯到复杂的家族关系。[3]

只要不涉及所有权控制问题，财富的管理和公司业务管理是可以分离的。换言之，只要公司的所有制是私有的，红利的分配、所有制和遗产继承对于家族来说就是家族内部事务。但是现在出现了许多推动公有化的力量。许多成功公司的快速增长超出了家族财产所能支持的范围，因此，获得大量充足资金的通道就是公司上市。遗产税增长过快而引起的评估问题和清算问题都因为公众参股而很好地解决了。一旦有了公众参股，对公司的控制就成了问题，因为家族利益和公众持股人利益会发生冲突。举个例子说，多少红利才够？什么费用是额外的？如果家族成员已经习惯于以红利或外快的形式从公司取得最大可能的收益的话，那么当上市公司不得不调整策略时，会发生什么情况呢？

收入的分配、所有制、继承权不是小问题。最有代表性的是，参与管

第七章

理的家族成员,对公司应该保留多少收入在公司中,比那些不参与经营的家族成员看得更清楚。而个人的亲戚关系永远起着重要作用。那些不参与经营的家族成员会怀疑参与经营的家族成员的管理能力。更糟糕的是,他们会用各种方式对那些人表现出不信任甚至厌恶,对"他们的公司"给那些小材大用的亲戚们很好的工资耿耿于怀。所导致的争斗显然会是残酷的。

如果家族的上一代倾向于将收入平均分配给下一代人,那么比较积极的家族成员的工资问题会比较棘手,如果是在工资较高的大公司就更是如此。公司给予的管理补贴,如公司轿车和飞机的使用,会使问题更复杂。

但是还是有一些机制能够抵消明显的不公平以减少潜在的冲突。例如,很多家族成立了与公司无关的独立办公室,处理积极和消极的家族所有者的待遇透明和平等问题。家族持有的公司实行的是另一种机制,它能够解决所有制和继承权的问题。它用讨论的方式使家族成员在企业需要保留的收入和家族成员需要的现金之中做出取舍。是的,这些冲突也许是痛苦的,但是,除非它们逐渐升温到法律诉讼,这些冲突还是可以不介入公司管理和公司董事会的。

但是,即使假设所有这些问题都用理性的方式解决了,管理接替的问题依然存在。让我们回过头看看第五章关于赛马和接力棒的比喻。哪些奏效?哪些有害?

在家族内赛马属于第二类:毒害。它注定会激化兄弟姐妹之间的敌意。的确,家族需要找到最好的家族成员去经营业务,但是它也需要通过商讨的方式达成家族内部的一致。商讨必须很早开始并且一直坚持下去。从很早开始,就要同孩子们一起讨论关于公司和它的管理制度的问题。要为那些为公司工作的孩子建立规则,规定在公司工作的晋升序列。最基本的规则必须清楚明确。例如,在公司内是实行精英治理,还是遵循其他的规则？这一规则决定了其他所有规则，包括如何处理家族管理人员和职业经理人之间的关系。

已经决定通过公司增长财富的家族需要及早应对管理的挑战。教育、培训和努力工作应该成为培养家族年轻人大纲中不可缺少的一部分。领导不是一种特权，而是优先服务权或服务机会，这当然是最重要的概念。在一个友善的（家庭成员既不是法官也不是陪审团的）环境中获得的实践经验同样重要。在家族企业之外从事的早期工作有助于年轻领导者的成长，同时也有助于他们在进入本家族的企业工作时建立自己的信誉。我所说的"信誉"，包括在工作同事眼中的信誉和不从事管理的家族成员眼中的信誉。

显然，这是一个全面的、令人生畏的培训计划。但是，只有在实施了这个计划之后，家族才能应对第五章所描述的同样令人生畏的挑选接班人的挑战。

糟糕接替的代价：布朗夫曼大厦的倒塌

当你听到"家族企业"这个词时，你可能会觉得"小菜一碟"。那可不一定。家族企业所牵涉的金钱利益和情感利益可能是巨大的。

让我们通过一个延伸的案例研究深入探讨一下家族企业。该案例剖析了布朗夫曼（Brownfman）王朝的施格兰（Seagram）帝国的建立和最终毁灭。我将论证糟糕的接替计划对这一结果的重大影响。

塞缪尔·布朗夫曼（Samuel Brownfman），东欧移民的儿子，把自己在蒙特利尔（Montreal）的小小的酒类分销网并入了世界最大的酒厂——施格兰有限公司（Seagram Company）。布朗夫曼是一个靠直觉经营的企业家，他是那种靠艰苦奋斗在一个竞争激烈的产业中获胜的企业家。他让他的两个儿子埃德加（Edgar）和查尔斯（Charles）参与企业

第七章

管理，并坚决将其他家族成员排除在外。有一次他说："我不相信任何人愿意让亲戚把自己的生意搅乱。"4

当他1971年在领导者的岗位上去世时，他留给他的家族施格兰公司33%的股票，在当时价值6.71亿美元，并拥有该公司的控股权。

四十二岁的长子埃德加把公司总部迁到纽约，成为了新的CEO。比他小两岁的弟弟查尔斯，为了保持家族的和平，留在蒙特利尔接受了一个完全从属的职位——副董事长，并做了加拿大分公司的负责人。这里，我们看到了一个典型的家族企业接替的例子，虽然比其他的少一点戏剧性，哥哥得到弟弟的勉强同意，坐上了父亲的位子。查尔斯把大部分的精力放在外部的活动上，包括资助蒙特利尔博览会棒球队（Montreal Expos baseball），他是主要股东。

看到企业的核心业务——烈性酒消费增长潜力非常小，已渐渐衰落——施格兰公司开始了一个长期的多元化进程，包括进行非常有意义的石油和天然气投资。我们长话短说，1980年施格兰与杜邦竞买大陆石油公司（Continental Oil），最后不仅通过石油所有权获得了2亿美元的利润，还获得了四分之一的杜邦公司普通股。

施格兰拥有杜邦的股票是一个被动投资，但却是一个高收益的投资。从1980年到1994年，这家位于特拉华州（Delaware）的化工巨人的股票价值增长了三倍，施格兰所持杜邦股票的价值达到4.3亿美元。同时，施格兰用从杜邦公司获得的2亿美元的红利完成了家族核心酒厂的巨额重组改建。

到目前为止，一切都很好。回顾过去，我们看到当塞缪尔·布朗夫曼做了一个显而易见的决定，选择了他的大儿子，他的选择是明智的。埃德加能够管理企业，虽然塞缪尔的去世，加快了接替的进程，但埃德加已经为自己的职责做好了准备。

但是埃德加的儿子埃德加 Jr. 不是这种情况（为了简单起见，以下我将埃德加和他的儿子分别称为老埃德加和小埃德加)。小埃德加是一个天生的败家子。[5] 从新英格兰一所精英预科学校毕业后,他拒绝去大学深造,而去了纽约歌剧院和好莱坞工作,同时开始用两个笔名写歌。虽然老埃德加拒绝支持儿子的这些冒险行为,在他看来这是愚蠢和任性的,但是布朗夫曼的姓氏为小埃德加敲开了许多大门。

被小埃德加成功的光环所遮住的是他的哥哥塞缪尔•布朗夫曼二世(Samuel Brownfman II)。塞缪尔比小埃德加大 19 个月,他是个消极和古怪的人。他消极地介入了家族的生意,但在 1975 年卷入一起奇怪的绑架案件。绑架原因难以查明,但似乎与他的性情古怪有关。塞缪尔随后去了加利福尼亚北部,重组了施格兰经典酒业公司,他出任该公司的领导。

1980 年,老埃德加被小埃德加在好莱坞的初步成功所打动,在电话里与儿子谈话,告诉 26 岁的儿子他有能力管理施格兰公司。小埃德加能吃苦耐劳、有创造力、能独立思考,很像他父亲;小埃德加不需要在好莱坞演练他具有创造性的想象力;商业活动提供了丰富的机会让他发挥创造性和想象力。

令人吃惊的是,小埃德加表示同意,但提出了三个条件:一、他先在公司找一个临时的职位做起来,看看自己是不是合适;二、他的哥哥塞缪尔要同意这种安排;三、如果他的能力得到证明,老埃德加要保证他最终能管理公司。

小埃德加后来记得他父亲同意了他的三个条件。但是,无论是他的父亲还是塞缪尔都不记得有过任何关于征得塞缪尔同意的谈话……如果这样的谈话发生过,塞缪尔应该是记得的。

无论如何,小埃德加开始在公司的阶梯上攀登了。1982 年,他被任命为总裁兼 COO 的菲利普•比克曼(Philip Beekman)的助手。小埃德加很快消除了公司内外对他的批评。尽管他几乎完全缺乏相关的经验,

第七章

但他看起来有天生的商业才能。他到伦敦接管了施格兰亏损的欧洲业务，很快扭亏为盈。1984 年他回到美国，掌控核心的烈酒业务。一年后，他接管了快要破产的酒柜部门，利用他与好莱坞依旧活跃的联系，他说服布鲁斯·威利斯（Bruce Willis）拍摄了一则炫酷的巨额广告，结果施格兰酒柜的市场份额从第五上升到了第一。

1986 年，老埃德加决定任命小埃德加为比克曼的接班人，也相当于是他自己的最终接班人。父子之间既定的权力接替俨然准备登上《财富》（Fortune）杂志的封面。这刺痛了叔叔查尔斯和哥哥塞缪尔，他们一致反对这个决定和向公众披露，认为太不成熟。（实际上，接替会在未来未定的某一天进行，在将近 10 年后才实现。）最终查尔斯和塞缪尔都平静下来了，塞缪尔和小埃德加的关系也修复如初了。

在得到正式的职权之前，小埃德加就开始在公司打上他的印记。1988 年，他花 12 亿美元买下了纯果乐（Tropicana），这个价钱也许太高了；他开始购买一些超值的品牌［例如马爹利干邑（Martell Cognac）］，并卖掉施格兰的一些低档品牌。总而言之，这个捆绑在一起的投资组合总的来说是积极的，它为施格兰购买了进入国际市场的入场券，施格兰在巨大的压力中获得了又一条发展道路。

1991 年下半年，小埃德加为施格兰寻求一个重大的收购或投资机会，他希望这次收购所起的作用能像他父亲当年收购杜邦一样。在与一些投资大师，包括传奇式的人物赫伯·艾伦交流后，他决定涉足高增长的通讯产业。不幸的是，除了时代华纳（Time Warner）以外，别的公司都不能介入。从 1993 年开始，根据小埃德加确定的发展方向，施格兰公司买入时代华纳的股票，到了 1994 年的春天，施格兰已持有时代华纳 15% 的股票。时代华纳的高层已经警惕地注意到施格兰的行为，如果需要，他们会采取反收购措施把布朗夫曼家族挡在外面。布朗夫曼家族声称自己是"友善的投资者"，不明白时代华纳如此大惊小怪是为了什么。

特例:家族企业的接替

1994年的夏天,老埃德加把公司的日常管理权移交给了小埃德加,小埃德加出任公司的CEO。老埃德加只保留了董事会主席的职务,他发誓不再插手小埃德加的事。回顾起来,他实在不该发这个誓。

后来,另一个更大的收购事件使时代华纳的紧张相形见绌。1995年,新任命的CEO小埃德加,清算了施格兰拥有的90亿美元的杜邦公司股票,购买了美国环球影业公司的母公司MCA娱乐企业集团。

回顾起来,这是个灾难。杜邦的股票价值在以后的三年里翻了一番。MCA(后来称做环球)里外里让施格兰股东损失了180亿美元。[6]后来的几年里,小埃德加继续按照他的思路买进音乐和电影产业的公司,但都没有什么起色。2000年他花340亿美元购买了法国的维旺迪(Vivendi)媒体集团,导致施格兰进入了可怕的境地。这件事遭到了他的叔叔查尔斯和其他家族成员的强烈反对,但是因为他们在公司的管理权很小,没能阻止这件事。从那以后,维旺迪摇摇欲坠,处于破产的边缘,布朗夫曼家族的财产于一夜之间损失了几乎30亿美元。

小埃德加被《商业周刊》(*BusinessWeek*)评为2002年度最糟糕的经理人之一。他被《纽约》杂志(*New York magazine*)选为2002年度传媒业最愚蠢的人。[7] 2004年小埃德加最终离开了他在维旺迪的职位,他购买了华纳音乐(Warner Music),任命自己为董事长和CEO。[8]这个投资被证明是谨慎而有益的。

我们能从这几代人的传奇中学到什么?

第三代不再衣衫褴褛,但却损失了很多价值。塞缪尔授意埃德加接掌企业;埃德加让他的一个儿子小埃德加接班,小埃德加很快就把企业的主要资源从化工业转向了企业家支配的娱乐业。企业是否需要这种转变不太清楚;小埃德加并没有受过扎实的管理训练,尽管他确实有领导的意愿,但他看起来缺乏领导技巧。强烈的意愿并不能代替管理的才能。现代大众娱乐业的成功人士——萨姆纳·雷德斯通[Sumner Red-

第七章

stone,维亚康姆(Viacom)公司,派拉蒙(Paramount)];鲁珀特·默多克[Rupert Murdoch,新闻集团(News Corp)、福克斯(Fox)];再早一点的迈克尔·艾斯纳[Michael Eisner,迪斯尼(Disney)]——都建立了几十年患难与共的非凡团队。要建立可以创造持续价值的团队,需要的不是减少损失和转移财产的技巧。

但是,在布朗夫曼传奇中,在围绕接替所做的决定中,没有证据显示管理所发挥的作用。第一个问题是老埃德加和查尔斯如何相处?这个问题已经解决了,老埃德加接管了企业,而弟弟毫无地位,换句话说就是长子继承权,这是下面我们要谈到的。第二个是怎么处理排行第二的儿子所拥有的所有权问题。为使长子获得纯粹的权力,次子的权力或多或少被忽略了。

长子继承:最专制的模式

长子身份意指第一个出生,但在法律传统中,它通常指长子继承权。最开始这是使家族的土地所有权不被分拆的方式,但是几百年过去了,它也应用于家族的其他财产,包括家族企业。

当一个家族企业任命新的领导人时,大多数家族开始都是把最年长的儿子作为明确的候选人。(塞缪尔·布朗夫曼一世这么做了,埃德加·布朗夫曼没有这么做。)因为长子继承的传统是如此根深蒂固,在接替决定上直接照搬长子继承模式可以使家庭关系的处理更加简单一些。"并不是我不信任你,只是传统要我把家族事业交给你的兄长。"

许多父亲有很强的愿望,把遗产传递给跟自己有相同姓氏的儿子,通常是最大的儿子。另外,大多数情况下,年长的儿子有更多的经验,会留给父亲更深刻的印象,因此成为理所当然的候选人。

但是没有人能保证长子是最能胜任这个工作的人。我熟悉的一家欧洲公司连续换了三个儿子做CEO，几乎导致公司破产，直到公司的控制权传递到一个非常有能力的又一直想做这个工作的女儿手中。谁也不敢保证在接班到来时，长子会对企业经营感兴趣。

在另一个例子中我扮演了一个不重要的角色。那位父亲做了辉煌的事情，建立了一个世界级的公司。但这成了金色陷阱：公司越成功、变得越有价值，把公司移交给他两个儿子中的任何一个的可行性就越小。幸运的是，父亲睿智地安排了一个过渡，使公司由从他直接领导到由一位职业CEO领导，他继续担任董事长负责日常监督和对公司战略进行把关。

当然，这仅仅延迟了这个根本的接替问题的发生。现在看起来，一个非常有能力的女儿将在某一天接替她父亲家族企业主席的职位，把握企业的控制权，那将会带来一系列新的挑战。例如，到目前为止，子女的收入是大体平等的。女儿要走上一个责任重、要求高的职位，并得到相应的补偿。那么，她的同胞兄弟能理解并接受吗？家族企业也有本难念的经。

第二代的职业化

贝伦·韦拉龙格（Belén Villalonga）对这个问题开展了一系列以经验为依据的研究，她发现了一种情况——第一代家族成员把自己定位为管理者的角色，把企业运作的领导权交给职业经理人——这样通常会对企业产生最好的结果。[9]这恰好是刚才我所说的情况。

它使所有权从经营中分离出来。所有者可以长久地关注经营业绩。他们具有坚实的管理基础，可以看清战略问题。他们打算基业长青，所以可以忽视短期波动，并接受有益的冒险。随着公司内部家族力量的削减，可以用第五章所描述的时尚方式管理接替问题。控制的问题依然存在，我们在后面再做解释。但是，首先让我们看一下一个与布朗夫曼家

第七章

族截然不同的案例——一个四代成功的故事,来看一下家族中的多代接替是怎样实现的。

盖尔道集团:发展得越来越好

盖尔道集团(Gerdau Group)是美洲最大的长钢板材制造商和销售商。[10]这家公司建于1901年,当时一个德国移民名叫若昂·盖尔道(João Gerdau)买了一个破产的钉子厂。从那时起,盖尔道-约翰彼得(Gerdau-Johannpeter)家族就一直运营这个企业,现在是盖尔道的四个曾孙掌管公司。[11]

在过去的几十年里,公司有了很大的发展,从位于巴西南部的钉子制造商发展成一个跨国的、在北美具有重要的、不断扩张地位的公司。公司的大部分扩张,是由若昂·盖尔道的四位曾孙——约翰彼得兄弟们实现的。当他们年轻的时候,他们的父亲柯特(Curt)把他们召到公司来,主要从事基层的工作。慢慢地,他们的学识和气质决定了他们最终能够承担更重要的角色。

根据长子继承的传统,最大的儿子杰曼诺(Germano)将合理地拥有企业的领导权,但是,他更愿意管理销售和市场,让他的弟弟乔治(Jorge)做全面管理工作。他认为乔治的气质和才干善于处理与行业联盟和政府的关系,更适合做这个工作。兄弟中的老三克劳斯(Klaus)学的是工程,很自然地领导公司的基础设施发展的工作。最小的弟弟弗雷德里克(Frederico)学商业,当上了首席财务官(CFO)。

由于四兄弟各有所长,他们利用各自不同的优势为公司获利。同时,他们努力取得共识。为了这一目标,他们在过去的几十年里几乎从不中断关于业务和关于自身的对话和交流,这使得他们能迅速、果断地行动。

特例：家族企业的接替

令人感兴趣的是这样默契的关系是怎样形成的。柯特的长子杰曼诺1951年开始到盖尔道公司工作的时候才17岁，"没人正儿八经告诉我怎样在一个钢铁公司工作。我跟着父亲去工厂，然后，突然就为公司工作了。父亲并没有明确我在公司的位置，我们甚至没有讨论我将在公司里做什么。就是很自然的，非常简单地发生了。现在看来每一件事情都是临时发生的。今天我们能够通过报纸、电视、互联网获得很多信息，但在那个时候，我们不得不通过做事来学习。"12

三年后，克劳斯和乔治（当时他们分别是19岁和18岁）也正式加入了公司，尽管对他们来说，跟杰曼诺一样，在盖尔道上班没有什么新鲜的。克劳斯回忆他第一天在厂里的情况："我们四个很早就被赋予了使命。实际上，我们的生命一直与盖尔道连在一起。我13岁的时候，父亲在工作，我就拿着笤帚扫工厂的地板消磨时间。"13

1961年，他们中最年轻的兄弟弗雷德里克（当时19岁）加入了父亲和三个哥哥所在的盖尔道。他们共同打造了一个完全现代的企业。虽然控制权仍掌握在家族手中，但他们也招募了一批有才能的职业经理人，这些人有些与几个兄弟一样是董事会成员。

最近几年，他们找了一个专门研究人才的，具有领先地位的咨询团队来评估管理层的能力。很自然，顾问们主要着眼于考察日渐进取的第五代家族成员，他们中的四位已经崭露头角。约翰彼得四兄弟一共有16个孩子，但并不假定他们中的任何一个准备承担公司的未来，事实上，第五代中的一些人已经离开了公司。

为解决接班人问题，公司找了另一家知名的顾问团帮助公司重组为完全现代化的跨国公司，实现家族所有权与企业领导权的分离。

把这个故事和布朗夫曼家族的故事比较一下。首先，约翰彼得四兄弟选择了适合他们个性的不同的角色。长子让他的弟弟全面负责，他认为他的弟弟更适合担任CEO的角色。对于公司事务，他们之间一直保

第七章

持沟通,直到达成共识,才做出战略性决策。他们不是压制才能,而是从四种不同的视角中受益。我们只能赞叹在他们的成长过程中,他们父母的美德一定影响着他们!难怪他们保持着一个习惯:不管兄弟中谁在城里,周日都会和母亲共进午餐。

而公司为管理向第五代过渡所采取的步骤给人留下更深的印象。他们欢迎家族成员,同时也设立了一个较高的门槛。他们使用外部资源来提高接替的成功率。我们已经看到,第五代中一些岁数大的家族成员已经离开了公司。他们建立了一个由非家族成员组成的执行团队,在高层管理团队中扮演着关键的角色。在某种意义上,他们准备一旦现有家族成员的能力不足以管理好这个企业,这些人能够应急而出。以上寥寥数语的总结凸显了他们的不凡,也足以让人认识到当处理不当时情况会变得多么棘手。

一般原则

让我们来考察一下隐藏在家族企业成功接替案例背后的一般原则。

接替过程的第一步,实现所有权与领导权分离,是希望保持对公司控制权的家族所面临的关键挑战。为什么?因为这是企业能够长期有效管理的必要保证。孩子们和堂兄弟姐妹们也许会缺乏管理的天赋、意愿,或者不愿意彼此合作。

小阿尔弗雷德·D.钱德勒(Alfred D. Chandler, Jr.)在讲述皮埃尔·杜邦(Pierre du Pont)在杜邦公司中引入专业化管理时,对这种权力移交所引发的争斗做了绝妙的描述。[14]家族的财政利润分配由董事会所属的财务委员会决定。同时,制定了一项质量标准,欢迎家族成员到公司来工作,但是他们必须达到其他管理人员所要达到的高标准。

第二步是明确界定同胞兄弟姐妹和堂(表)兄弟姐妹之间的关系。

创业的一代可以通过制定政策和法律框架来很好地解决这个问题,同时他们有大批的律师和可信任的下属,这些人能提出很多忠告。但是问题的核心在于,创建者必须培养一批志趣相投的年轻人,他们能够团结一致,即使在有冲突的时候也能保持礼让。不管法律是怎样安排的,第二代人必须达成共识。《圣经》、莎士比亚的戏剧和财经出版物都证明了这种达成共识的脚步是很容易被打断的。

第三步是制定政策,明确那些愿意到家族企业工作的家族成员的待遇。在这方面,你能看到的真是五花八门。一个自家企业的CEO说他的家族防任人唯亲到了极端的地步,以至于把所有家族成员都赶出了公司。他说:"我们的企业对于要进入企业工作的家族成员在教育水平和在其他企业相关工作经验方面有严格的要求。结果是现在没有一个家族成员在企业中工作,尽管我们中的很多人有很好的商业经验,但没有一个人能够达到已经制定的标准。"

另一个公司要求管理层给每一个想为公司工作的家族成员找到适合于其进入水平的工作。至于在这之后会怎么样,要看个人进步的情况了。当然,问题在于一个姓洛克菲勒(Rockefeller)或杜邦的年轻人不仅仅是企业的员工,他们同时是企业的所有者,需要组织细心的关照。

前面提到,许多家族成员往往在其他企业——例如,银行或是为本企业服务的咨询公司——开始自己的职业生涯。这些相关的第三方企业能给他们提供关于一个职能领域或者整个公司层面的非正式的研究生教育,通常能够让他们了解另外一个大型或者专业企业如何经营。当家族中的儿子或女儿在别的地方获得成功之后返回到他们的家族企业时,他们日后在本企业中步步高升就显得更加顺理成章了。

家族的最上层

媒体总是热衷于报道家族企业衰落的故事,怎么也要爆料一点怪癖

第七章

出来。但是，很多与我讨论这一问题的管理人员实际上都认为，在很多上市企业在压力驱使下追求短期利益的时代，家族所有制是一种福音。很多上过哈佛综合管理课程的学员都来自私人企业或私人控股企业，他们对目前的情况都很满意，而且认为从长远来看机会很多，有远大的前景。他们知道在精明的投机商手中，企业会是什么样子，就像第六章中描述的那样。盖尔道的 CEO 乔治·约翰彼得对什么吸引他们做了确切的总结："一个企业生存需要创造价值，最终，价值通过个人的努力而产生，家族也一样。拥有所有权的家族成员加入企业，可以帮助企业建立具有长远眼光的价值标准。今天，最大的问题是企业的短期利润与长期战略相对立。我的股东们需要今天的收益，而我考虑的是长期的市场占有率。"15

简单比较一下私人企业和相应的上市企业，会发现私人企业能够争取的不仅仅是市场占有率。《商业周刊》对家族企业的研究表明，它们整个的资本回报率超过了相应的上市公司。16《商业周刊》把这种出色的表现归结于很多原因，包括可以快速地做出决定，更高的忠诚度。但是，《商业周刊》总结的最重要的成功因素是，私人企业拥有一个由父亲（或其他亲属）精心培养出来的 CEO。当私人企业真能这样做时，我相信这是一条通往成功的道路。

这就又回到了接替问题。贝伦·韦拉龙格利用《财富》500 强企业 1994 年至 2000 年的领导者更替数据进行研究，结果显示，分离家族所有权、控制权和经营管理非常重要。家族企业创始人在担任 CEO，或担任与职业 CEO 搭档的董事长时，能够创造价值。家族第二代及以后子孙担任 CEO 时，企业价值遭受侵蚀的比例很高。17 埃德加是非比寻常的，小埃德加则不是。

《商业周刊》对家族企业中相当一部分的表现优于上市公司的断言不能推翻韦拉龙格的发现。当然，困难在于接替问题被家族冲突、缓和

特例：家族企业的接替

冲突的意愿，以及试图对家族成员做出客观公正评价的努力复杂化了。我们不能想象第五章中艾默生电气公司前主席查克·奈特描述的筛选过程会在家族企业中发生，那样，家族成员的关系将永远不可能修复。

　　这并不是说家族成员间的紧张和对立肯定是具有破坏性的事情。举个例子说吧，默洛尼兄弟之间的争端就是这方面的一个例证。由于父亲的突然辞世，弗兰克·默洛尼（Franco Merloni）继承了默洛尼家族企业的领导权。他的公司今天在欧洲市场上具有行业领军地位。但是他的两个兄弟都选择创建自己的企业，而不做家族管理团队的一员。维多里奥创建了默洛尼家电公司，现在以意黛喜闻名于世。他和安东尼奥·默洛尼（Antonio Merloni）都是欧洲家用电器市场上重要的制造商，他们相互竞争。维多里奥在欧洲排名第二，安东尼奥位于第二集团。当被要求回忆企业成长史中最艰难的时刻，维多里奥·默洛尼停顿了一下，表情凝重，然后他讲到有一次如果兄弟肯借钱给他，他完全可以买下一个关键的竞争对手。

　　我最喜欢的默洛尼兄弟的故事要追溯到维多里奥的公司举办25周年庆典的时候，罗马教皇约翰·保罗二世（Pope John Paul II）参加了在某个工厂举行的庆祝活动。维多里奥告诉教皇他的公司能够生产两百万台机器，安东尼奥也听到这个数字，第一反应这是个荒谬的数字。但是，当他得知这的确是真的以后，他很快投资，使他的企业也能够有生产两百万台机器的能力。这就是同胞兄弟的敌对转化为商业上的竞争动力的例子。

潜力巨大，实现困难

　　让我们总结一下家族企业的接替问题来结束这一章。家族企业具有巨大的潜能，但是通常难以完全挖掘出来。如此困难的一个原因是，

第七章

家族企业试图采用精英治理,但它的本能却抗拒这样做。

如果从上一代那儿继承的是质地优良的好公司,那么优势是非常明显的。这尤其表现在,家族企业不像大多数上市公司一样看重短期业绩。第二个优势在于人才储备是明确的。下一代人能不能被培养得足够优秀来领导企业,是需要留待时间来回答的,但该在什么人身上花钱是很清楚的。

但正如我们前面说过的,其他任何问题,在家庭中处理起来都更加困难。年轻人一旦在家族企业中工作,他们也需要面临与非家族成员管理者同样的发展任务。如果子女愿意从事与父辈们互补的工作,那么父子间的紧张状态可以得到缓解,因为在推行真正的改革的时候不需要否定前辈的工作。在这方面,派驻海外是很好的选择。(这与我们讨论的橡树和橡果的原则是一个道理,但是长者唯尊会使这个问题恶化。盖尔道公司允许约翰彼得家族的第五代成员通过驻北美洲的表现充分展示他们的才能。)同样,当一种新的技术到来时,新一代总比老一代接受得快。

家族企业的权力过渡这一步走起来经常是步履蹒跚的。在上市公司中,也有一个问题,如果CEO决定到65岁或更大的年纪退休,准接班人会被汤图综合征(即千年老二)折磨得要死。最坏的情况就是准接班人离去,而生活依然继续。假设企业已经根据这本书列出的一般原则来处理事情,就会有很多人才储备,可以不断从中选出内部局外人。而在一个家族企业中,如果儿子或女儿甩手不干了,那么家族接替计划就要泡汤了,没有任何备选的方案。

通常作为企业创始人的父亲不愿意被子女逼着下台。想一想我们在历史书中读到的弑父故事,虽然我们在这儿讨论得很轻松,实际上这类事件还在不断发生。早前,我谈到过商业激情和智慧。当一个儿子或女儿逼他或她的父亲下台时,就是过多激情掺入了这种平衡之中。我们正在讨论的是一个接力赛,如果一个家族愚蠢要到举行赛马比赛,事情会变得更糟糕。

假如一个家族企业就接替问题征求我的意见,我会建议他们采取家族内部成员接替的方式,因为好处是非常多的。最后,我会建议他们针对孩子的天分努力培养,慢慢地把专业训练和服务意识的理念灌输给他们。家庭的聚餐会是召开重要讨论会的最好场合,关于公司和家族的最重要问题都可以在此讨论。教育扮演着非常重要的角色。孩子们日渐重要的工作,包括有益的公务旅行,提供了对平凡世界的认识机会,也教会他们在困难的环境下建立关系。

总之,允许孩子们学习他们喜欢的东西,在这个过程中,不断提高和证明自己的能力,会让他们很快乐。有时候,他们和父母会对他们的能力感到吃惊。这些过程能帮助家族打造一个团队,很好地共同工作。

所有这些,都会使家族接替有更多成功的机会。

第八章　我们需要什么样的领导

> 再没有比率先实施新的制度更加困难的了,因为成败无法确定,执行起来也很危险。
>
> ——马基雅维利《君主论》(*The Prince*)

在我为本书做结语的时候,不妨回过头从更广的角度来仔细审视一下我们谈论的主题——有效的领导人接替,重拾热情参与讨论。

广义地说,人类组织中的领导权继承问题,一直是非常重要的,组织内外的人们都很关心这个问题。当然,在历史上,这主要涉及国家和宗教领导权的继承,发生的故事不那么完美,甚至是暴力的。

民主社会中的政治继承都是相对比较平静的接替,因为在大多数情况下,起码没有人死亡。虽然如此,也还是存在一些轻微的暴力,以典型的美国总统选举为例,间谍活动和肮脏的幕后交易是普遍存在的,友谊是有条件的,调动所有的资源只为一个目标:获胜。丧失了战斗能力的英雄也会名誉扫地。蓄意抹黑并不考虑这种做法是否公正和体面,而是考虑能否取得效果,同时不伤及自身。只要有利就拿钱买。2000年美国大选时,佛罗里达州的选票非常关键,共和党最初的目标是力保已有选举结果的合法性,阻止民主党人工重新计票的企图,全国的共和党

第八章

竞选工作人员集中到这个关键的州,并使用身体威吓,迫使选票重新统计的工作暂时延迟。正是这一延迟,给予美国联邦最高法院时间,使得佛罗里达的投票生效,将该州的选举投票投给了乔治·布什(George W. Bush),从而使得布什在总统选举的斗争中成为胜利者。

不管你持什么样的政见,政治一点也不美丽。"水门事件"及其余波同样不美,它让几位杰出的白宫职员在监狱中度过余生。

接替:热情与回报

颇受争议的接替之后自然要伴随:清除。

在围绕接替的争斗结束之后,为给那些全力效忠新领导的人腾位子,一些拥有官方和军事职位的人被用这样或那样的方法铲除掉了。有些人被杀,有些人被流放,有些人被剥夺了一切影响。清除之后就是巩固权力,即该统治者——仍然只是准合法的,试探民心并强迫民众服从。在日本德川幕府统治时期,那些统治地方的贵族们被迫定期把他们的家人送到伊豆(Edo),即当时的首都定居,以保证他们对幕府首领的忠诚。

我列出以上有关接替的其他情况,以强调在所有这些斗争中持续而普遍的要素:热衷。公司内的接替少一些暴力,但仍是一个欲望重重的战场。奖赏越大,动力越大。几位杰出的精英男士或女士正在策划如何攻占最大的办公室。向在职的 CEO 报告的几位高级管理人员很有可能就在策划者之列。他们已经去过这个位于角落的大办公室,而且他们已经在想新的装修方案了。

《商业周刊》描述了亨利·保尔森(Henry Paulson)1999 年在高盛公司(Goldman Sachs)内升迁为 CEO 的情形,让我们对公司管理层接替可见一斑。注意资料中提到的"痛苦"、"被驱逐"和"政变"字眼。

1 月 11 日,周一,对华尔街最负盛名的投资银行高盛集团的领导人乔恩·科尔津（Jon S. Corzine）来说，是痛苦的一天。这个早晨，在他位于纽约金融中心区85街的简朴的办公室里，科尔津打电话给客户和经理人，告诉他们那个令人吃惊的消息：他不再是高盛的 CEO……

知情人士和竞争对手们都说科尔津是被高盛执行委员会五个最有权力的人发动的政变驱逐的。主要是三位银行家组成的三驾马车迫使科尔津靠边站的，他们是公司联席 CEO 亨利·保尔森，最高投资顾问约翰·桑顿（John L. Thornton）和科尔津的弟子，公司 CFO 约翰·塞恩（John A. Thain）。某知情人士说："每个人都喜欢科尔津，没有人喜欢看到联合对付某人。"

然而与亨利·保尔森，现在高盛唯一的 CEO 交谈时，你会发现在高盛的管理层中，所有事情都在有条不紊地运作着。[1]

就像上面这段文字所指出的那样，成为 CEO 通常是一个战役的结束，同时又是另一个战役的开始。精英男性或女性获得了这份渴望已久的工作，而且现在必须依靠其权力做些什么。第一步，一般地说，是组建一支将与 CEO 共同工作的执行团队，以加强领导。在公司环境中，巩固权力是十分困难的，很可能是难以完成的，因为对于新领导人来说，来自公司内部的挑战，需要一定的时间才会显现出来。挑战者不会诉诸暴力，因此在大部分情况下，这使得对抗的升温更加缓慢。同时，消极抵抗很奏效。对于被一系列严重挑战弄得六神无主的新 CEO 来说，很容易把心存不满的资深管理人员纯粹的敷衍误读为合作。在许多公司，在胜利者以前的竞争对手到其他企业另谋高就之后，权力巩固才得以完成。以通用电气公司为例，杰克·韦尔奇的四名竞争对手离开 GE 到其他公司谋求最高管理职位。而在通用电气公司的下一轮权力交替中，杰夫·伊梅尔特的两个竞争对手被韦尔奇解除了职务，这为伊梅尔特的掌权铺平了道路。

第八章

有些 CEO 竭尽全力留住那些失望的前对手,一方面是为了继续利用他们的才华,另一方面是为了对他们保持戒备。在政治家中,亚伯拉罕·林肯是个典型的例子,他把一批雄心勃勃又能超额实现目标的人聚集起来,组成了他的政府内阁,而这些人原来只把林肯看做是一个软弱而朴实的乡村男孩,可以任意摆布。[2] 在商业领域里,伊梅尔特努力地工作,使得公司的高级管理层能够效忠于他。

不论关键的管理人才是否离去,组成一个新的团队都是个挑战。当公司确立了新的方向,常常需要到外部去寻找合适的人才,这个挑战就更大了。例如,在布朗集团,1999 年罗恩·弗罗姆(Ron Fromm)当选为 CEO 之后,任命了以下外部人员。

2000 年　　一位新的总顾问

2002 年　　一位最大部门的总裁,接下来是该部门一位新的二把手;一位新的人力资源总监,以及其他几位新职员

2003 年　　一位新的 COO(首席运营官)

在布朗集团,弗罗姆是内部局外人。他曾经是零售部门的第二把手。在公司 102 年的历史中,该部门从来就没有产生过 CEO。弗罗姆花了五年时间吸收外部人重建管理团队。

在英国马莎百货公司,外部人卢克·范德维德被引进担任董事长一职,以解决公司内部候选人无法胜任的问题。当他认识到公司 CEO 没有效率时,他自己担当起 CEO 一职,并且在一年之内用外部人更新了一半的高层管理团队。

不论是否引进新的人员,几乎总是会出现某个层面或其他方面的重组。就像在第四章所讨论的那样,有效的接替管理几乎总会涉及重组公司,使主要候选人担任影响力和可见性大致相同的工作,以证明他们的

能力。在对候选人进行筛选时,竞争会促进对公司运营的控制。

当然,接替完成之后,为促进开发和执行新的战略,公司的组织结构要重新安排。就像我们所见到的一样,不论新的战略是否会带来新的方向转变或者增长,都需要组建新的管理团队。在对公司的战略和结构进行调整时,可以引进顾问,也可以不引进。

关于新任 CEO 任务的重要性,西门子(Siemens)的海因里希·冯·皮埃尔(Heinrich von Pierer)提供了一个很好的例子。他是典型的内部局外人,不仅在西门子长时间任职,还是他的家乡埃朗根市(Erlangen)市政委员会的民选委员。一般的德国 CEO 不太会有这样的背景。他自称是德国唯一的身兼"劳资协议"(works council)成员的 CEO。

1989 年,当柏林墙倒塌时,我们兴高采烈地庆祝德国的重新统一。我们没有意识到更重要的事情:东方阵营的瓦解意味着全球化的开始。而且在那时全球市场意味着价格真正下跌。发生的事实比这严峻得多。价格开始在 1989 年下跌,衰退越来越令人难以忍受。我们的业务额在三年内下跌了 50%。

在我接任 CEO 后的一年左右时间,一位我很尊敬的朋友问我:"你知道在你的年度报告中,你使用了 13 次'价格侵蚀'这一术语吗?这是一个借口吗?"我突然意识到那是一个借口,就好像我们在说:"我们的公司正处于很糟糕的状态,因为其他人的行为没有理性。"抱怨价格侵蚀对我们并没有任何好处。所以,我朋友得出的这个评价如同一剂清醒剂。他是对的,同时我也知道我们的公司需要变革。[3]

冯·皮埃尔在西门子公司继续变革着几乎每件事情:成本结构、创新能力、增长能力以及——所有事情中最困难的——公司文化。他回忆道:

开始的时候,有些人和我说:"谈论文化变革很好,但是你认为,要花多长时间你才能真正达到某种目标?"我说:"嗯,两年。"他们笑了。"年

第八章

轻的朋友,"他们说:"那将要花十年。"不幸的是,他们是对的。

在我看来,很显然,一个缺乏像冯·皮埃尔这样对公司情况了如指掌的外部人,要做到这些根本性的转变,会艰难许多,也许"两年"将要变成"二十年"——或者永远不可实现。

我已讨论过金融市场对 CEO 们施加的压力。有时,华尔街和世界上其他类似的金融机构给出的建议,从表面上看是明智的,但从内部看是可怕的。西门子公司的冯·皮埃尔一路走来从金融界得到了许多指导。例如,他们强烈要求他出售医疗系统业务和发电设备业务。冯·皮埃尔后来发现,这两个部门成为公司强劲复苏的支柱部门。

如果我们在 20 世纪 90 年代听从这些金融分析家的劝告,那么我们现在已经卖掉了公司的大部分。

即便在危机期间,我知道我们的医疗设备业务也比他们了解的要强大,所以,我没有听从他们……然后发电设备业务也经历了一场危机。金融人士又告诉我:"不要投资。"好在我对这个业务有一些经验。他们说:"电力业务不会有增长。"我说:"等一下。现在是产能过剩,但行情是有波峰有波谷的。"

我们秘密地做出了决定,保留该项电力业务,同时买下了西屋电气公司,这一举动证明是很成功的。事实上,这是在我担任 CEO 期间我们最精明的举措之一。这显示了金融市场的水很深。

我用了很多篇幅用来说明这一关键的主张。一个外部的视角,对于将会领导战略变革的内部人来说,是很必要的。确实,西门子公司和冯·皮埃尔再次展示了内部局外人的优点。从 1992 年至 2004 年,在冯·皮埃尔领导的 12 年中,西门子的总收入从 410 亿欧元增长到 750 亿欧元,净收入从 10 亿欧元增长到 34 亿欧元。与此同时,公司的发展重点转向了美国和亚洲——这对于一家传统的德国公司来说是一个巨大的转变。

注意我们提到的文化变革用了 10 年、给一个大型生产企业重新确定方向用了 12 年这些说法。这种工作需要时间。几乎可以肯定,外部人需要更多的时间来完成这种工作。它还需要技能,包括外部人可能不具备,或可能花很多时间才能获得的技能。

正确的东西

让我们简单回顾一下,在第三章提出的选拔领导者的标准:

➢ 有批判的眼光,能看到变革的需要
➢ 知情在行,知道关键的问题所在
➢ 有管理能力
➢ 有领导能力,有领导愿望

用汤姆·沃尔夫(Tom Wolfe)的话来说,这些就是最可能在一位内部局外人身上找到的"正确的素质"。

在海因里希·冯·皮埃尔关于他早年经历的描述中,西门子并不是因为完全无法适应世界才换掌门人的。公司不得不变革——确切地说,公司的一部分不得不变革。冯·皮埃尔对公司的业务有足够的经验,了解哪个部门(如医疗设备部门)是经营糟糕的金矿,哪个部门处在商业周期的低谷,以及哪个部门能够通过联盟而获得战略性的提升。为了在成本和文化方面进行所需要的变革,他不得不了解得更多。他要了解公司的成员以及如何同他们讲话。最后,他必须乐意按照自己的日程表工作十多年,不断地为了公司的利益同那些在生活中不得不接受痛苦变革的团体和个人谈话。总而言之,这是艰难的、枯燥乏味和严峻的工作。

第八章

对执行官们的成就报道倾向于强调他们所实现的成本压缩和企业重新定位,就像冯·皮埃尔所实现的一样。但是,当这些执行官们就他们所取得的成就接受采访时,就大部分人而言,整饬企业却不是他们愿意谈论的话题。我们看到的,冯·皮埃尔强调他不愿出售电力设备业务。郭士纳一上台,就对已经上马的旨在弱化垂直一体化的项目痛下狠手,最终此举深得赞誉。AT&T 的迈克·阿姆斯特朗(Mike Armstrong)说他承受着巨大压力,不得不削减成本和放弃他已计划实施的战略。

这近乎于一名 CEO 做出的一项个人决定,同时它会使人倍感孤独。而这又给我们引出领导人的第五个品质:

➢ 在面对主要同事的抵制时,能坚持个人立场。

换言之,为了实现内部局外人的美德,他或她必须乐于按照自己对公司和变革需要的认识来行动。法国汤姆逊公司(Thomson)的 CEO 弗兰克·当雅尔(Frank Dangeard)是一个很好的例子,他向我描述了他为公司制定了新的战略,公司成功转型后的关键时期。

我们试图找到与我们的核心竞争力相关,但更强、利润更丰厚、更稳定的业务。同时,在汤姆逊内部,我们还有一两项非常小的业务,那是 B-to-B 类型的业务。在这些项目上,我们感觉到上述这些特色是可以得到开发的。

我们花了许多时间思考以下的问题:我们的核心竞争力是终端消费者吗?我们真是做消费类电子产品的吗?那么,我们为什么不效仿飞利浦公司,买进一个电动剃须刀公司,或进入个人电脑领域,或进入移动电话业务?这是我们真正的品牌所在吗?这是我们真正的技能所在吗?这是我们真正的知识产权的用武之地吗?

我非常仔细地想这件事——我不得不承认,这是一次非常孤独的旅行——我所有的同事,无论是 RCA 品牌的经营者,还是汤姆逊品牌的经营者，都把他们自己看做是消费者世界的中心。我记得很清楚，在某个执行委员会里，我告诉他们："你们这些人完全错了。"4

CEO们总是强调说服组织进行改革的艰巨性。艰巨性部分是来自于新来者或内部局外人的外部观点。当新来者以局外人的口吻讲话时，可想而知内部人就会感到威胁来临。

艾尔弗雷德·诺思·怀特黑德（Alfred North Whitehead）说："常规是社会组织的上帝。"5 在社会组织的阶梯上，人们想要保护常规，延续已有的轨道。在某种更高的水平上——但是大脑的同样角落在起作用——经理们想要保持现状，因为他们不想让他们的技能过时，同时如果该公司有过辉煌的成功史，人们就不太可能去接受一种非常不同的模式。"感到自信是一回事，"丘吉尔曾指出，"把这种信心传达给不喜欢你的计划、感到在他们的知识领域里和你同样充满自信的人是另一回事。"6

变革就好像是"火烧眉毛"。7 紧急——空气中烟雾的气味——在某些情况下会起到帮助的作用，但它也会令人麻痹。成功的新任CEO帮助人们了解市场和技术发生了怎样的变化——不是让他们惊恐不堪，也不损害常规（至少，不过早或无缘无故地损害）。毕竟正是那些当时制订出政策和规划的人推动了公司向前迈进。没有他们的参与，CEO就会成为苹果公司的约翰·斯卡利，骄傲、优美、最终无足轻重。愿景总是愿景，永远得不到实施。

优秀的人选很难找到。我们今天见到如此多的公司危机，其中一个原因就是，没有多少管理者具有微妙的综合平衡素质，即集天赋、能力、经验、基础知识和技能于一身。内部人缺乏外部视角，而外部人不是内部人，也不能填补空白。第一章讲述的难以复制的通用公司执行官们的英雄传奇很能说明问题。是的，他们都是很棒的总经理，但是他们中一

第八章

半以上的人缺乏必要的专业和管理知识帮助人才在新环境下发挥作用。回忆一下我用的音乐家比喻，如果当前的任务需要的是一名号手——或者是一位指挥家，那么只当一名伟大的小提琴家是不够的。而且，有时候，让一名伟大的小提琴家脱离管弦乐队会削弱那位小提琴家的作用。

只成为一名内部人当然不能保证正确的素质。另外，还有许多出色的内部人缺乏意愿或者更简单地说，缺乏能力来改变他们所接手的组织，因而不能使他们和他们的组织取得成功。英特尔在这个问题上就是一个很好的例子，富有才能的内部人已经努力了十年，以打破戈登·摩尔和安迪·格鲁夫在管理和战略上的强烈印记。

克雷格·巴雷特（Craig Barrett）是接替格鲁夫的CEO。他深刻体会到他所处的进退两难的困境。事实上，他创造了一个短语"涂满杀虫剂的丛林"，来形容英特尔公司核心的微处理器业务的体系和程序将其他新事物都消灭在了萌芽状态。他是否能找到针对那些毒物的解毒药我们还拭目以待。案例研究显示他也许一直是个太纯粹的内部人了，而作为内部局外人还不太够格。今天，我们可以观察到英特尔的增长放慢了，而它的竞争对手们正在卷土重来。

无限的学习曲线

领导是一条——或者应该是一条——无限的学习曲线。这里有一个可以询问潜在的CEO的问题："你有坚忍不拔的精神坚持学习吗？"

学习同时需要自信和对知识的好奇心。信心是重要的，因为你必须勇于承认，你还有许多不知道的东西。好奇心也是重要的，因为它是学习的原动力。在儿童发展的某一时期，孩子最喜欢的话是"为什么"。伟大的领导者都保留着孩子的直率和好奇心。

硬币的另一面是什么？对于许多人来说，工作的不确定性会让他们感到不安全。他们得到了这份工作,就会意识到他们真正掌控这一工作的机会是相当有限的。在这种情况下,通常的做法就是寻求控制,控制意味着消除惊讶。

我采访过的一位执行官这样说道:

我见过这样的情况,即拥有总裁或 CEO 头衔的人们,在他们的职位上感到不安全。而且有时候,情况很糟。公司经营得不好。CEO 了解问题的渠道通常来自基层,所以 CEO 可能把注意力放在忠诚上,而不是谁最适合做这一工作。他们想要知道"谁在盯着我"。他们想把得力的人放在关键的岗位上。

但是公司会看到这一点。他们会看见你在挑选老朋友,而不是表现最佳者。他们会觉得,"也许这不是任人唯贤"。

把忠诚置于能力之上会引发至少两个负面结果:一是团队更加薄弱,二是人们认为公司缺乏公正的制度,没有合理的奖励设计。因此,业绩受损,不安全感日益严重,造成恶性循环。

这位执行官指出:"人们年纪越大,不安全感越强。他们没有教练,也没有人可以谈话。好的经理了解到他们必须有更年轻的教练。他们在组织中寻求会给予他们诚实反馈的年轻人。"

如果执行官不会学习——或不愿意学习时,会发生什么呢?

一个答案是他们套现——如果他们的薪酬一揽子计划中包括股票期权或等价物,如股票增值权时,更会如此。在这种情况下,关掉好奇心的开关、决定不为这家公司做事,找一位战略买家带来的个人酬劳是巨大的。詹姆斯·基尔茨由于把吉列卖给了宝洁,在三年内挣了1.75亿美元。基尔茨对于这种激励是无法抗拒的,当他在雷诺士-纳贝斯克工作十年后把卡夫食品公司(Kruft Foods)卖给了菲莫公司(Philip Morris),他个人挣了6,500万美元时,他就知道了套现的收益有多大。既然如

第八章

此,为什么不卖呢?

这样我们来看 CEO 在上市公司任职期限的统计,就不足为奇了。在第六章,我引用了博思艾伦咨询公司年度报告中,关于全球公司 CEO 离职率的数据。1995 年以来,被迫离职率增长了 300%。研究人员写道:"——不是伦理问题,不是非法行为,不是权力斗争——'业绩不佳'才是 CEO 们被解雇的主要原因。"[8] 参见图 8—1。

图 8—1　按原因归纳的全球 CEO 接替率(1995—2004)

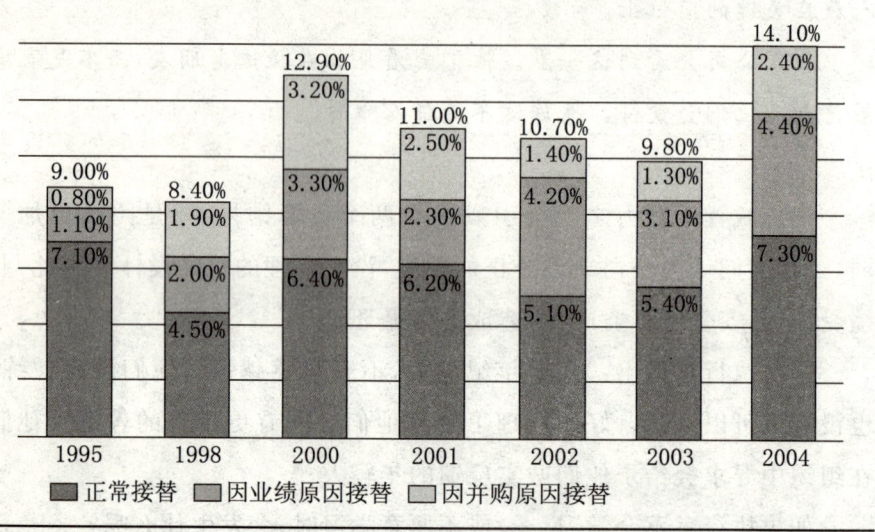

	1995	1998	2000	2001	2002	2003	2004
合计	9.00%	8.40%	12.90%	11.00%	10.70%	9.80%	14.10%
因并购原因接替	0.80%	1.90%	3.20%	2.50%	1.40%	1.30%	2.40%
因业绩原因接替	1.10%	2.00%	3.30%	2.30%	4.20%	3.10%	4.40%
正常接替	7.10%	4.50%	6.40%	6.20%	5.10%	5.40%	7.30%

来源:博思艾伦出版的获奖管理学季刊 *strategy + business*,经许可复制。见 www.strategy-business.com。

事实上,在该表格中,"因业绩原因接替"一栏的对应数据可能是打折扣的,因为"并购促成(因并购原因接替)"可能包括 CEO 们促成的合并,他们看不到出路而别无选择。我还敢打赌,因"并购"原因而离职的许多 CEO 发现他们的学习曲线到头了,虽然这令他们沮丧。

正确的东西出问题了

如果你经常发现自己与那些专横的和狂妄自大的人打交道——或者如果你自己有时候也出现类似倾向,那么,回想下雪莱(Percy Sysshe Shelley)的《奥兹曼斯迪亚斯》(*Ozymandias*)(Shelley's Ozymandias)的诗句:

我遇见一位来自古国的旅人

他说:有两条巨大的石腿

半掩于沙漠之间

近旁的沙土中,有一张破碎的石脸

抿着嘴,蹙着眉,面孔依旧威严

想那雕刻者,必定深谙其人情感

那神态还留在石头上

而斯人已逝,化作尘烟

看那石座上刻着字句:

"我是万王之王,奥兹曼斯迪亚斯功业盖物,强者折服"

此外,荡然无物

废墟四周,唯余黄沙莽莽

寂寞荒凉,伸展四方。

(杨绛译)

我们把巨大的负担压在我们的领导者身上。这些负担改变着承担它们的人。从积极方面看,这些人在成长。他们克服障碍,并且建立了自信。他们的人格得到了发展;他们的交流、劝说和管理技能等得到了全面拓展;他们与公司重要支持者的关系不断深入,而且交往更加广泛。

第八章

如果他们的公司有适当的规模,如果他们继承了关键的权力空间,这些领导者就会成为商业媒体吹捧的故事主角。他们甚至可能成为名流雅士。

这一切都是令人愉快、毫无恶意的。

然而,也有消极的方面。雪莱的《奥兹曼斯迪亚斯》捕捉到其一。成功的 CEO 们不仅引起媒体很大的关注;他们经常从而相信媒体。最糟糕的情况是,最初的领导者标志——自信满满,但仍受欢迎——成了"冰冷的发号施令"。

有一点这些 CEO 们是知道的,就是变革是必要的。他们尝试着做了几件事,而且不可思议的是,有些奏效了(那些没有奏效的事情大部分已被忘记)。这些执行官们孜孜不倦地研究奇思妙想,取得了巨大成果;十年之后,他们被《财富》杂志或《金融时报》视为名流上宾。

在这些情况下,很容易将为因应形势而采取的特别行动与战略原则相混淆,将短期内奏效的政策与永恒的真理相混淆。英国马莎百货公司的克林顿·西尔弗把这个问题描述为"误把成功的实践当做基本的准则"。[9] 在马莎百货,最清晰的例子就是"购买英国货"。只要英国是世界纺织品的首都,成为最好供应商的最大客户就是一个明智稳妥的政策,可以成为品质和价值的保证。但是一旦亚洲的纺织工业势力在质量和速度上赶上来,那么购买英国货无疑会导致丧失市场份额。

格林伯里可能已经认识到需要变革,但是当他取得了领导地位时,他的关注点首先放在了改进内部效率,然后在公司固有原则指导下,安排地理区域的扩张和产品系列的升级。他继续把公司视为领头羊,甚至当新的竞争者们,如西班牙 Spanish Inditex 的零售体系已经开始渗透英国市场时,他仍坚持这种看法。他把利润的稳步增长看做是他战略上成功的证据。金融和商业媒体赞扬他作为一名领导者而取得的成就;他还被女王封为骑士。他领导着一个重要的管理委员会。总而言之,这些都使人飘飘然。

英特尔的安迪·格鲁夫在他的精彩之作《只有偏执狂才能生存》（Only the Paranoid Survive）中捕捉到了这一关键性的问题：

> 高级经理们通过他们一直擅长做的事情，到达了他们现在的位置。随着时间的推移，他们认识到要用长处去领导，所以他们会继续使用那些已经在他们的职业生涯，尤其是在他们的"冠军赛季"期间发挥了重要作用的战略和战术，这就不足为奇了。
>
> 我把这种现象称做"成功的惯性"。它是极度危险的，使人否认其他有价值的东西。[10]

成功是有代价的，因为它意味着 CEO 的日程变得很紧。如果 CEO 不够小心，很容易忙于应付演讲的邀约、社区服务的要求，甚至内部流程的参与，而无暇从事为他带来早期成功的核心工作。他曾经习惯于与重要客户谈话、会见新招聘的人员、与技术人员一起探讨技术、与销售人员一起占领市场、即兴访问附近的大学、花大量时间关注相关技术的发展、出席慈善晚会，或者召集一流的论坛。

的确，这种工作的一部分内容就是，一遍又一遍地讲述公司的故事。[11]但是，这种工作的另一部分内容则是，倾听人们的声音，他们可能有些新东西要说。

我曾采访过一位领导者，他谈到在"坐到 60 层"时感觉到的变化："这里非常安静。办公室很大，装修得很美，景色绝佳。两个星期后，我意识到我无法获得与公司业务相关的信息和线索。"这种隔离，通过享受高级轿车、私人飞机和乡村俱乐部而变得更强了。

安迪·格鲁夫仍直击这个问题："你周围的人似乎'迷失了方向'吗？多年来一直很有能力的人，突然事不关己了吗？对于最初的业务来说，你的基因是优秀的。但是当业务的关键因素发生了转变，带领你和你的

第八章

伙伴最初成功的那套东西可能会妨碍你认清新的趋势。"[12]

格鲁夫谈到倾听远端人士意见的价值。远端人士意见从业务的外围通过电子邮件发出警告。格鲁夫说"这很容易区分。当我说,'了解一下你的业务外围发生了什么',和当我说,'了解一下你的业务进展情况',含义是不同的。当我得到远方或那些在公司职位远低于我的人们的消息或信息时,我会在审视业务时参照这些与我观察问题的角度完全不同的人的观点。"[13]

问题回到了这点上,即 CEO 的日程上是否应为那些在地域上或组织上距离很远的人保留一席之地。如果该日程排满了那些浮夸的活动、仪式和自我庆祝的节目,而没有为上述远端人士预留空间,CEO 也许就无法了解环境的战略性转变。

维亚康姆的萨姆纳·雷德斯通在公司内部最出名的一点是他把公司最严肃的话题拿来与各种类型的人谈论。汤姆·杜利(Tom Dooley)曾是雷德斯通的执行副总裁,负责财务、企业发展和外联,还是一位重要的知情人。他说:"不管名声如何,萨姆纳是一位非常注重共识的经理。在他做出决定之前,他总想听取各种观点,而且通常他会以某种方式表达这种意愿,如果某人碰到了一个实际问题,他会停下来说,'等一下'。在这点上,某某人有什么看法吗,他很擅长观察问题的各个方面。"[14]

可惜,雷德斯通全方位听取意见的想法太少见了——尤其是对于已工作多年的领导者来说更是如此。但是想想看:既然有了各种津贴和特权,CEO 们需要一点健康的谦卑,哪怕是轻微的受虐狂也不过分。他们必须调整自己来接受批评和对他们智力进行的挑战——越痛苦,越好。(这有一点像当你看到云层开始散开时,你就打开车上的天窗一样。)当 CEO 们听见负面的东西时,他们必须克服住冲动,不能拳脚相加,也不能暴跳如雷,而应该检验那些说法的真伪,吸收其中好的东西以便日后使用。

但是，倘若日程换做是同朋友或者与一位重要客户的 CEO 打高尔夫球呢？倘若是在赫布·艾伦（Herb Allen）那儿与行业前 50 名聚会呢？你愿意花上一天在海滩上尽兴还是在牙医那儿受苦？

寻找和倾听外围的声音需要自律。这就是为什么 CEO 的有效任期有限。到一定时候，谄媚登堂入室，省察悄然退场。

打破既有模式

总结一下我的主要观点：必须对接替进行管理，保证至少有一位有资格的内部局外人作为候选者。如果没有，公司就有麻烦了。内部人通常无意领导变革，而外部人则通常没有能力领导或坚持变革。

那怎么办呢？我们已经假定我们会在糟糕的情况下做最大的努力。让我们看看全资收购行业的一个例子。虽然没有得到业界的足够认可，有些全资收购集团已获得了相当大的成功，他们购买大公司的部门，注入新的管理，还提供资本，使得新的独立公司能够发展。

全资收购行业商业模式中的两个方面可以解释这种成功。首先，在几乎所有的情况下，购买者对企业实现了绝对控制。实际上，他们已秘密地完成了这种控制。这意味着在他们清算他们的投资之前，他们是所有者，而不是投机商。从最唯利是图的角度说，如果他们还没有管理好一项资产，就想把它卖出去是很难的。

其次，当他们任命一名 CEO 时，那个人几乎总是具有行业知识的。他们更有可能从同行业中寻找和聘用一名成功的经理，而不是从通用电气招聘一个明星。这位经理由于这样或那样的原因能够出任这一职位。

那么，关于这类受聘的枪手，我们能说些什么呢？至少可以说以下四条：

第八章

> 他们受聘的方式决定了他们会具有批判的眼光。他们能够看到变革的需要。

> 他们是因为懂行才受聘的;他们知道工作中的问题所在。

> 代表所有者出现弥补了新上任 CEO 对公司行政遗产不了解的缺陷。关键在于,这些在同一行业内成功的 CEO 通常至少知道关于他们将要领导的公司的一些情况。

> 最后(并非最不重要的)一点是,他们抓住了这一难得的机会——一次他们从来没有过的机会——来领导他们所熟知的行业的一家公司;公司拥有可以发展的资金,他们拥有可以发挥的平台,在这个平台上的成功会使他们名利双收。因此,他们拥有了强大的领导动力。

换言之,他们虽然缺乏内部人的可信度,但是他们的特点已经接近内部局外人。

反观大多数外部人接替的情况。管理者因为业绩优良而被聘用,他们取得成功的业务可能与他们将要迈入的业务环境大不相同。聘用合同通常与公司的长期成功没有关联或关联不多。他们来给一个某方面遇到麻烦的公司救急。大部分情况下,他们受雇于短线持有者,这些人关心的是股票市场的短期业绩估价,所以被雇人的职位是不安全的。基于所有这些原因,他们会像枪手一样行事,进入公司,做能做的事情,麻烦出现时,套现,然后全身而退。

尽职的董事会知道公司有拨跃跃欲试的内部局外人:他们已经整装待发,只等一声号令,就冲向赛道。但是那种缺乏有意的合格候选人的公司怎么办呢?怎样避免碰到枪手呢?

答案是:"十年前开始起步。"

显而易见,这是个多少有些滑稽的药方,比"好好选择你的父母"稍微多一点行动性罢了,但你知道我这么说的意思就好。还没有制订有效的领导人接替计划的董事会，需要认识到自己的不足，打破传统雇佣惯用的模式。董事会应指示他们的猎头顾问找到他们所需要的经理，也就是全资收购公司会选择的经理——然后，同这位经理（他或者她）谈合同，做一份看起来很像是一家全资收购公司所写的合同。

或者，董事会在公司内部，找到他们能找到的最能干的经理，并且给予他或她 CEO 职位。然后他们必须清除公司内的障碍，确定如何帮助新 CEO 取得成功。基于在前几章中描述的所有原因，这不是件容易的事。新上任的 CEO 需要重新建立关系和树立信用。他或她需要重新赢得高层管理者们的信任。这些高层管理者们都是新 CEO 的朋友，当要求他们进行变革时，需要重建信任。CEO 最需要"时间"来实现个人成长和业绩增长。个人成长可能涉及管理层培训、从外部顾问那里获得行业信息、做竞争分析、对执行情况的评估，乃至个人训练。他或她可能会需要一些不同于股价的衡量标准，以便根据所做出的成就获得回报，这些成就可能在财务结果上无法显露出来，或者会拉低财务表现。

但董事会也不能在 CEO 开始上道、公司开始进步时袖手旁观。趁着平台没有着火，也没有人感觉到特别饥饿或受到威胁，这正是董事会在公司每个层面都着手培养和发掘领导候选人的最佳时刻。

培养和发掘应该是一个两步程序。在第一步中，作为新上任的 CEO 前期工作的一部分，董事会需要同外部人或者内部人一起工作，来实现对接替的管理。在许多情况下——甚至是大多数情况下——这意味着雇用一名能同 CEO 搭档的能力出众的高管来推动接替过程。第二步指建立一种能够产生内部局外人的管理办法，这些内部局外人是有力的接替人选。有关内容可以参见我的第四章和第五章。

换言之，结论是，为公司提供强有力的领导是没有捷径可走的。我们已经仔细考察了接替过程，发现它是令人生畏的，或多或少像亚伯拉罕·林肯所担心的那样，他提到不愿在河的中流换马。当今世界，我们总

第八章

是在河的中央,有时水深流急。

如果你接受本书论据的逻辑,并了解过去半个世纪以来最成功的管理者所提供的证据,那么你就会认同这个强有力的主张。领导力对于今天的企业来讲至关重要,不是因为这个领导者是全能的,做拍板决定的人,而是因为现代公司的规模和复杂性要求卓越的管理。必须有各种各样的人才为公司建设出力,才能实现公司的持久成功。

鼓励贡献即鼓励培养新人。关注内部局外人成长的公司拥有规划、资源配置和奖励措施,鼓励公开辩论、适度冒险以及创业精神。能够产生内部局外人的公司拥抱变革,因为它拥有能够识别市场技术和竞争变化的人才。如果你从内部找到了下任 CEO,公司将笑对变革、续写辉煌。

注　　释

第一章

1. 有关西屋电气衰退和失败的令人信服的新闻报道，请见 Steve Massey,"Who Killed Westinghouse?" *Pittsburgh Post-Gazette*, March 1, 1998, http://www.post-gazette.com/westinghouse。

2. 为什么？大部分原因是一旦津贴由贡献的多少，而不是福利决定，那么领取津贴的人就会看他们的养老金账户能否补偿这一差额。他们要靠业绩吃饭。

3. Jim Collins, *Good to Great* (New York: HarperBusiness, 2001).

4. Jeffrey L. Cruikshank, *Shaping the Waves* (Boston: Harvard Business School Press, 2006), 345.

5. 我发现这方面最有用的学术研究是 Noam Wasserman, Bharat Anand 和 Nitin Nohria 的,"When Does Leadership Matter? The Contingent Opportunities View of CEO Leadership," working paper 01-063, Harvard Business School, Boston, 2001。

6. Louis V. Gerstner Jr., *Who Says Elephants Can't Dance?* (New York: HarperBusiness, 2002), 60-61.

7. 对于那些有兴趣想了解的人来说，这里有个问题：研究表明公司本身的业绩影响着 CEO 接替的时间表和程序，而且在一名接替者到任之后，曾影响过公司业绩的势力继续完好地存在着。同样的势力把 CEO 的接替和公司业绩之间的时间关系搞乱了。业绩不佳在先，加上公司倒退到行业

注释

平均水平,终于导致寻找新的 CEO 来扭转颓势。依靠公开可获得的财政数据所做的研究记录的多是幸存者,对于 CEO 接替和公司业绩的研究同样也不例外,只是显示出的幸存者偏好更加明显。在对经历过 CEO 交替的公司的一项典型调查中,平均大约 88% 是由内部人接任,而 12% 是由外部人接任。这使得外部人接任的样本数较少(在 200 家公司有大约 25 家),使人们对于外部人接替的结果更加疑虑。

8. Chuck Lucier, Rob Schuyt 和 Edward Tse, "CEO's Succession 2004: The World's Most Prominent Temp Workers," *strategy + business*, Summer 2005, http://www.strategy-business.com/media/file/sb39-05204.pdf。

9. Collins, *Good to Great*, 251.

10. Rakesh Khurana, *Searching for a Corporate Savior: The Irrational Quest for Charismatic CEOs* (Princeton, NJ: Princeton University Press, 2004).

第二章

1. Harry S. Truman 的话载于 Richard E. Neustadt, *Presidential Power and the Modern Presidents* (New York: Free Press, 1990), 10.

2. 本章引用的 Ken Andrews 的话载于他本人的著作 *The Concept of Corporate Strategy* (Homewood, IL: Dow Jones-Irwin, 1971)。

3. 大部分人错误地认为"passing the buck"和"the buck stops here"指的是钱。根据杜鲁门图书馆的记载,这个术语是从扑克牌派生而来的,这种扑克牌是杜鲁门曾经喜欢玩的。这个"buck"——在早期,通常是由 a buck's horn 制成——是发牌者的标志。如果有人"pass the buck",意味着他愿意发牌。Nitford M. Mathews, *A Dictionary of Americanisms on Historical Principles*, Vol. 1 (Chicago: University of Chicago Press, 1951), 198-199.

4. 要了解奥格威的工作以及更多历史细节,请访问 Center for Inter-

active Advertising 的网址 http://www.ciadvertising.org。

5. Joseph L. Bower,"WPP: Integrating Icons to Leverage Knowledge,"案例 396-249(Boston:Harvard Business School,1996)。

6. 同上,5。

7. 夏洛特在受聘前同创始人大卫·奥格威进行过一次话题广泛的会面。"夏洛特和我谈了七个小时,"他之后说,"处处不谋而合。"Dabney Oliver,"The Steel Magnolia of Advertising: Charlotte Beers," http://www.ciadvertising.org/studies/student/00-spring/theory/dabney/public-html/CBFrame.html。

8. 作者对 Martin Sorrell 的访谈,磁带录音,纽约,2005 年 7 月。

9. 这个引用,以及本章中其他关于夏洛特·比尔斯的引用,均出自 Bower,"WPP"。

10. David B. Yoffie 和 Johanna M. Hurstak,"Reshaping Apple Computer's Destiny—1992,"案例 393-011(Boston: Harvard Business School,1992)。

11. Doris Kearns Goodwin, *Team of Rivals*(New York: Simon & Schuster,2005)。

12. Spindler 被董事 Gil Amelio 所接替,而这个董事被 Steve Jobs 本人所接替:王子的回归。

13. 外部人很顺利的另一种情况就是,全资收购。当私募基金公司买下一个公司,他们经常让猎头公司帮助寻找新的 CEO 而且通常都找得不错。为什么呢?研究表明,其原因在于董事会给 CEO 的目标非常简单:提高现金额以减少负债。第二个原因是,代表所有者的董事会的积极参与。

14. Joseph L. Bower,"Jack Welch: General Electric,The People Factory at Work—Picking My Successor at GE,"录像,产品编号 304-808(Boston:Harvard Business School,2004)。

15. William E. Rothschild, *The Secret to GE's Success*(New York: McGraw-Hill,2007),189.

16. 熟悉这些合同的人知道,如果这个候选人是因为"某种原因"而被

注释

解雇,即他有欺诈或者类似的行为,他会接受福利损失;但如果他"没有原因",即由于业绩不良而被免职,仍可要求合同约定的福利。

17. Marks & Spencer,"Our History," Marks & Spencer 公司网址:http://www2.marksandspencer.com/thecompany/whoweare/our-history/index.shtml。

18. Joseph L. Bower 和 John Matthews,"Marks & Spencer:Sir Richard Greenbury's Quiet Revolution,"案例 395-054(Boston:Harvard Business School,1994)。

19. Joseph L. Bower,"Sir Richard Greenbury:Events Leading to Succession,"录像,产品编号 302-812(Boston:Harvard Business School,2002)。

20. Joseph L. Bower,"Marks & Spencer Update:The Crisis of 2000," September 2001,Harvard Business School 录像带图书馆,录像带编号 7785。

21. William E. Rothschild,*The Secret to GE's Success*,192。

22. 同上。

23. 同上。

24. 在我自己的学校中也是这样,哈佛商学院的高层在寻找下一任院长时,通常不考虑与将卸任院长年纪相仿的半代学者。

第三章

1. Winston Churchill 的话出自 *The Second World War*,*Volume* 1:*The Gathering Storm*(London:Cassell,1948),526-527。

2. 同上。

3. 丘吉尔的观点在英国执政和在野的领导者中均不受欢迎,这些领导者信奉威尔逊的观点,即第一次世界大战是结束所有战争的战争。

4. Doz 和 Kosonen 即将出版的书题目为 *Strategic Agility*。这些概要的陈述出自本书作者对 Yves Doz 和 Mikko Kosonen 的访谈,2005 年 11

月。

5. 作者与 Yves Doz 和 Mikko Kosonen 的电话通话，2005 年 11 月。

6. Boris Groysberg, Andrew N. McLean, and Nitin Nohria, "Are Leaders Portable?" *Harvard Business Review*, May 2006, 92.

7. Rakesh Khurana, *Searching for a Corporate Savior*（Princeton and Oxford: Princeton University Press, 2002), 171-172.

8. William George 和 Andrew N. McLean, "Anne Mulcahy: Leading Xerox Through the Perfect Storm (A)，"案例 405-050（Boston: Harvard Business School, 2005）。

9. Joseph L. Bower 和 Sonja E. Hout, "在 AmeriSteel 对 Philip Casey的访谈，录像，"录像，产品编码 302-809（Boston: Harvand Business School, 2001）。

10. Winston Churchill, 对英国下议院发表的演讲，伦敦，1925。

11. 美国当前普遍的领导目标，即讨论战略问题时只听取小圈子的意见，让很多管理界的人头痛不已。

12. 作者对 Marcus Sieff 的访谈，伦敦，1975。

13. Clark G. Gilbert 和 Joseph L. Bower, "Disruptive Change: When Trying Harder Is Part of the Problem," *Harvard Business Review*, May 2002, 97-99。

14. Clark Gilbert, "Change in the Presence of Residual Fit: Can Competing Frames Coexist?" *Organizational Science*, Jan/Feb 2006, 156.

15. Clark Gilbert, "Unbundling the Structure of Inertia: Resource Versus Routine Rigidity," *Academy of Management Journal*, October 2005, 751.

16. "Face Value: A Post-Modern Proctoid," *The Economist*, April 15, 2006, 68.

17. 同上。

第四章

1. Tom Neff 的话出自他在 National Association of Corporate Dir-

注释

ectors/Aetna Director conference 上的演讲，纽约，2005年9月28日。

2. Society of Human Resource Management, "At What Levels of Your Organization Are There Succession Plans in Place?" December 2003，结果载于 Susan Meisinger, "The King Is Dead, Long Live the King!" *HR Magazine* 49, no. 6 (2004)。

3. Dan Ciampa, "Almost There: How Leaders Move Up," *Harvard Business Review*, January 2005, 46-53.

4. 作者对 Herry Schacht 的访谈，纽约，2000年5月。

5. Joseph L. Bower, James B. Weber 和 Sonja E. Hout, "Kenan Systems," 案例 301-101(Boston: Harvard Business School, 2001)。

6. Christopher A. Bartlett 和 Andrew N. McLean, "GE's Talent Machine: The Making of a CEO," 案例 404-049(Boston: Harvard Business School, 2005), 4。

7. 同上。

8. St. John's College, "Student Life," St. John's College 网址：http://www.sjca.edu/asp/main.aspx?page=1006。

9. 这些资金雄厚的学校正致力于发掘和资助更多出身贫困的有才能的年轻人，会有什么结果还拭目以待。从逻辑上讲，它们"守门"的作用，以及决定结果的权力，会随着"产品"的改进而增加。

10. 例如，见 Boris Groysberg, Ashish Nanda 和 Nitin Nohria, "The Risky Business of Hiring Stars," *Harvard Business Review*, May 2004；以及 Boris Groysberg 和 Ashish Nanda, "Can They Take It with Them? The Portability of Star Knowledge Workers' Performance: Myth or Reality?" working paper 05-029, Harvard Business School, 2004。

11. William Finnegan, "The Terrorism Beat," *The New Yorker*, July 25; 2005, http://www.newyorker.com/fact/content/articles/050725fa_fact2。

12. 那个同事是 Dorothy Leonard。见 Dorothy Leonard 和 Walter Swap, *When Sparks Fly: Harnessing the Power of Group Creativity* (Bos-

ton：Harvard Business School Press，2005）。

13．这是对 Albert Szent-Györgyi 关于发现的定义的解释，原定义出自他的 *Bioenergetics*（New York：Academic Press，1957）。

14．Peter F. Drucker，*The Practice of Management*（New York：Harper，1954）. 该日期很重要，因为它早于福特基金会和卡内基基金会的报告，报告建议学校和公司把管理和行为科学纳入研究和学习范围。

15．这些一直被称为"破坏性的创新"。Clayton Christensen 和 Joseph L. Bower，"Disruptive Technologies：Catching the Wave"，*Harvard Business Review*，January 1995，43。

16．Joseph L. Bower，"Kenan Systems"，录像，产品编号 302-805（Boston：Harvard Business School，2002）。

17．Joseph L. Bower，"Jack Welch at GE，1981-2001：The Evolution of a Chief Executive"，录像，产品编号 304-814（Boston：Harvard Business School，2004）。

18．Christopher A. Bartlett 和 Meg Glinska，"Enron's Transformation：From Gas Pipelines to New Economy Powerhouse"，案例 301-064（Boston：Harvard Business School，2001）。

19．作者 20 世纪 70 年代所做的实地考察。

20．Clayton Christensen，"Hewlett-Packard：The Flight of the Kittyhawk（A），"案例 606-088（Boston：Harvard Business School，2006）。

21．我的同事 Clayton Christensen 把这类重要的问题称做"破坏性的技术"。见 Bower 和 Christensen，"Disruptive Technologies"，43。

22．作者对 A. G. Lafley Jr. 的访谈，磁带录音，波士顿，2005 年 5 月。

23．General Electric，"Careers at GE：Student Opportunities：Entry_Level Leadership Programs"，GE 公司网址：http://www.gecareers.com/GECAREERS/html/us/studentOpportunities/leadershipPrograms/entry_level.html。

24．同上。

注释

第五章

1. Richard F. Vancil, *Passing the Baton* (New York: McGraw-Hill, 1987).

2. 这不足为奇。启动培育一群有潜力的领导人的一个办法就是利用学校的录取办公室,它们是培养你需要的领导者的。为你喜欢的那些人支付高额报酬,你就启动了一个计划。第四章所描述的就是这一程序。

3. 作者对 Henry Schacht 的访谈,磁带录音,纽约,2000 年 5 月。

4. Joseph L. Bower,"在 Ameristeel 对 Philip Casey 的访谈",录像,产品编号 302-809(Boston: Harvard Business School, 2001)。

5. Jim Robinson, "Presentation to an MBA Class: James Robinson," (presentation, Harvard Business School, Boston, 1996), http://video.hbs.edu/videotools/play? clip = robinson_1996_cl.

6. 作者对 Jack Stafford 的访谈,Edgartown, MA, 2005 年 8 月。

7. David Garvin 对 Harvey Golub 的访谈,录像,波士顿,2000 年 10 月。

8. Ken Auletta, *Greed and Glory on Wall Street* (New York: Random House, 1985).

9. 作者对 A. G. Lafley Jr. 的访谈,波士顿,2005 年 5 月。

10. 同上。

11. 作者对 Henry Schacht 的访谈,磁带录音,纽约,2000 年 5 月。

12. 同上。

13. 作者和 Christopher A. Bartlett 对 Jeff Immelt 的访谈,录像,波士顿,2003 年 2 月。

14. 这段是根据 A. G. Lafley Jr. 提供给我的一个单子改编的。

15. 作者对 A. G. Lafley Jr. 的访谈,波士顿,2005 年 5 月。

16. David Garvin 对 Harvey Golub 的访谈,录像,波士顿,2000 年 10 月。

17. Scott W. Spreier，Mary H. Fontaine 和 Ruth L. Malloy,"Leadership Run Amok：The Destructive Potential of Overachievers",*Harvard Business Review*, June 2006, 72。

18. Jim Collins,*Good to Great*（New York：HarperBusiness, 2001）, 39。

19. Joseph L. Bower 和 Sonja E. Hout,"Entrepreneurial Insights（多媒体案例）,"录像,产品编号 306-703（Boston：Harvard Business School,2006）。

20. 同上。

21. Reginald H. Jones 在哈佛商学院 Advanced Management Program 上的讲话,波士顿,1982 年 4 月 15 日。

22. Rakesh Khurana,*Searching for a Corporate Savior：The Irrational Quest for Charismatic CEOs*（Princeton, NJ：Princeton University Press,2004）。

23. 在写作本书的时候,Nardelli 于 2007 年的冬天离开了家得宝,他卓越的管理才能是否适合家得宝的需要,我不得而知。

24. 在学术文献上,战略环境确实有这层意思。它指的是那些对经理人的商业战略和假设有重要影响的因素。

25. 雇用猎头公司时也可以让该公司只在你公司内帮助寻找候选人。

26. Joseph L. Bower,"Sir Richard Greenbury：Events Leading to Succession,"录像,产品编号 302-812（Boston：Harvard Business School, 2002）。

27. Jones 在 Advanced Management Program 上的讲话,1982 年 4 月 15 日。

28. Joseph L. Bower,"Jack Welch：General Electric, The People Factory at Work——Picking My Successor at GE,"录像,产品编号 304-808（Boston：Harvard Business School,2004）。

29. 作者对 Louis V. Gerstner Jr. 的访谈,磁带录音,纽约,2003 年 7 月。

注释

30. 这个引用和几处随后的引用出自 Chuck Knight, 作者的访谈, 磁带录音, 纽约城, 2006 年 2 月。

31. Michael Watkins 为新领导人写了一个有用的手册: *The First 90 Days: Critical Success Strategies for New Leaders at All Levels*（Boston: Harvard Business School Press, 2003）。

32. 就在最近, 仲裁人组成的专门小组告诉 MassMutual 董事会, 说该董事会不能以有过错为名解雇其 CEO, 尽管该 CEO 有在退休金账号上做手脚的不当行为以及与两名员工有事端。Joann S. Lublin 和 Scott Thurm, "How to Fire a CEO: More Bosses Are Getting the Boot, but It's Harder to Sack Them Without Paying for the Privilege," *Wall Street Journal*, October 30, 2006, B1。

33. 作者对 Jack Welch 的访谈, 波士顿, 2005 年 3 月。

34. Louis V. Gerstner Jr., *Who Says Elephants Can't Dance?*（New York: HarperBusiness, 2002）, 36。

35. 作者对 Chuck Knight 的访谈, 磁带录音, 纽约城, 2006 年 2 月。

36. 该委员会确切的名字在各个公司中有不同的叫法。例如, 有的公司称它为"薪酬与发展委员会"。但是, 薪酬委员会监管的是管理人员发展和激励中最核心的部分。

37. Jeffrey M. Cohn, Rakesh Khurana 和 Laura Reeves, "Growing Talent as if Your Business Depended on It," *Harvard Business Review*, October 2005, 62-70。

第六章

1. Chuck Lucier, Rob Schuyt 和 Edward Tse, "CEO Succession 2004: The World's Most Prominent Temp Workers," *strategy + business*, Summer 2005, http://www.strategy-business.com/media/file/sb39_05204.pdf。

2. 同上。

3. Chuck Lucier，Paul Kocourek 和 Rolf Habbel，"CEO Succession 2005：The Crest of the Wave," *strategy + business*，Summer 2006，http：//www.strategy-business.com/media/file/sb43_06210.pdf。

4. 同上。

5. 这个数字是从三个数据来源累加而来的：Thompson Financial Database，the NVCA 2006 Yearbook 以及 the 2006 Hedge Fund Industry Research Report。

6. 例如，见"Ebbers Sentenced to 25 Years in Prison," MSNBC.com，July 13 2005，http：//www.msnbc.msn.com/id/8474930。

7. Rakesh Khurana，*Searching for a Corporate Savior：The Irrational Quest for Charismatic CEOs*（Princeton，NJ：Princeton University Press，2004）。

8. Joseph L. Bower，"Marks & Spencer Update：The Crisis of 2000," September 27，2001，哈佛商学院录像带图书馆，录像带编号7785。

9. 作者对 William W. George 的访谈，波士顿，2006年1月。

10. Andrew S. Grove，*Only the Paranoid Survive*（New York：Currency Doubleday，1996），3。

11. 作者对 Tom Neff 的访谈，磁带录音，纽约，2005年10月；作者对 Gerry Roche 的访谈，磁带录音，纽约，2005年8月。

第七章

1. Mara Faccio 和 Larry H. P. Lang，"The Ultimate Ownership of Western European Corporations," *Journal of Financial Economics*，September 2002，365-395。Ronald C. Anderson 和 David M. Reeb，"Founding-Family Ownership and Firm Performance：Evidence from the S&P 500," *The Journal of Finance*，June 2003，1301-1329。Belén Villalonga 和 Raphael Amit，"How Do Family Ownership，Control and Management Affect Firm Value?" *Journal of Finance Economics*，May 2006，

注释

385-417。关于东亚的公司参见 Stijin Claessens,Simeon Djankov 和 Larry H. P. Lang,"Separation of Ownership and Control in East Asian Corporations," *Journal of Finance Economics*, October/November 2000, 81-112。

2. Belén Villalonga 和 Raphael Amit,"How Do Family Owhership, Control and Management Affect Firm Value?" *Journal of Finance Economics*, May 2006, 385-417。

3. 关于家庭接替人们经常引用的一本书是 Kelin Gersick 等,*Generation to Generation: Life Cycles of the Family Business*(Bonston:Harvard Business School Press,1997)。几位作者用一个涉及所有权、家庭和企业的简单模型展开他们的分析。

4. 见 Frank J. Prial,"Whiskey Chasers,"书评,*The Bronfmans*, by Nicholas Faith, *New York Times Sunday Book Review*, June 25, 2006。

5. 许多关于 Bronfman 故事的细节来自 Ken Auletta,"Rising Son," *New Yorker*, June 6, 1994。可从以下网址获得:http://www.kenauletta.com/risingson.html。

6. 见 David Plotz,"Edgar Bronfman, Edgar Bronfman: Overrated Father, Misunderstood Son," Slate.com,April 26, 1998, http://www.slate.com/id/1862。

7. Prial,书评,*The Bronfmans*, by Nicholas Faith. Michael Wolff, "Meet Barry Buffet," *New York* 杂志,September 2002,由 Prial 引用,书评,*The Bronfmans*, by Nicholas Faith。

8. 公平地说,Junior 已取得了 Warner Music 的成功,而且实际上也许还重建了他的财富。见 Devin Leonard,"Warner Music: A Big Hit for Bronfman," *Fortune*, May 11, 2006, http://money.cnn.com/magazines/fortune/fortune_archive/2006/05/15/837693/。

9. Villalonga 和 Amit,"How Do Family Ownership, Control and Management Affect Firm Value?", 385-417。

10. Joseph L. Bower, Luiz Felipe Monteiro Jr. 和 Sonja E. Hout,

"Gerdau（A）",案例 302-016（Boston：Harvard Business School，2001）。

11. Larry Rohter,"From Brazil，an Emerging Steel Giant，"*New York Times*，August 30，2001. 可从以下网址获得：http://www.raizes-dosul.com.br/gerdau_nyt_eng.htm。

12. Joseph L. Bower,"Ameristeel/Gerdau：The Brothers Build a Multinational," February 9，2001。哈佛商学院录像带图书馆,录像带编号 8221。

13. 同上。

14. Alfred D. Chandler Jr. 和 Stephen Salsbury，*Pierre S. Du Pont and the Making of the Modern Corporation*（New York：Harper & Row，1971）。

15. Bower, Monteiro 和 Hout,"Gerdau（A）"。

16. 未署名的,"Family，Inc.," *BusinessWeek*，November 10，2003，110-114。

17. Villalonga 和 Amit,"How Do Family Ownership，Control and Management Affect Firm Value？"

第八章

1. Leah Nathans Spiro with Gary Silverman 和 Stanley Reed,"The Coup at Goldman：How the Fight Over Going Public and a Banker-Trader Clash Helped Topple Jon Corzine," *BusinessWeek*，January 25，1999，84。

2. 例如,见 Doris Kearns Goodwin，*Team of Rivals*（New York：Simon & Schuster,2005）。

3. Heinrich von Pierer, Thomas A. Stewart 和 Louise O'Brien,"Transforming an Industrial Giant：Heinrich von Pierer," *Harvard Business Review*，February 2005,114-122。

4. Joseph L. Bower,"The Acquisition of Technicolor by Thom-

注释

son," December 3, 2004. 哈佛商学院录像带图书馆,录像带编号12132。

5. Alfred North Whitehead, *Adventures of Ideas* (New York: Free Press,1967), 90.

6. Winston Churchill 对英国下议院发表的演讲,伦敦,1925。

7. 关于变革的文献讨论,见 Michael Beer 和 Nitin Nohria 编,*Breaking the Code of Change* (Boston: Harvard Business School Press, 2000)。

8. Chuck Lucier, Rob Schuyt 和 Edward Tse, "CEO Succession 2004: The World's Most Prominent Temp Workers," *strategy + business*, Summer 2005, http://www.strategy-business.com/media/file/sb39_05204.pdf。

9. Joseph L. Bower 和 John Matthews, "Marks & Spencer: Sir Richard Greenbury's Quiet Revolution," 案例 395-054 (Boston: Harvard Business School,1994) 以及 Joseph L. Bower 和 Sonja E. Hout, "Marks & Spencer Go Global, A Video Case Study," 录像,产品编号 395-524 (Boston: Harvard Business School,1995)。

10. Andrew S. Grove, *Only the Paranoid Survive* (New York: Currency Doubleday,1996),127.

11. MIT 前任董事长,我的一个朋友,告诉我关于一次宴会的上的事,一位知名 CEO 与一些 MIT 的杰出校友坐在一起。我的朋友忧心忡忡地说:"他整个晚上没有提出一个好问题。"

12. Andrew S. Grove, *Only the Paranoid Survive*,108。

13. 同上,110。

14. Joseph L. Bower, Thomas Eisenmann 和 Sonja E. Hout, "Viacom: Carpe Diem," 案例 396-250 (Boston: Harvard Business School,1996)。

致　　谢

这本书源起于 20 世纪 80 年代。1985 年，哈佛商学院聘请了迈克尔·詹森（Michael Jensen）担任教授，他开始宣扬代理理论（agency theory），即企业是股东（所有者）与管理阶层（经理人）之间契约的核心。他的理论使他很快对公司多样化的价值提出质疑，支持债务的约束作用。这与华尔街的很多想法是一致的，即利用杠杆收购打破企业集团的结构，这样既可以获得利润，又可以服务社会。詹森指出最高层经理人所持有的本公司股票份额过少，因而引发了合法给予经理人股票期权的热潮。这是另外一本书的主题了。

我首先感谢迈克尔·詹森，因为我为了讨探他的观点，开始了长达十余年的对公司附加价值的研究，即公司能为一系列运营业务部门所创造的价值提供什么样的增值。显然，经营多种业务的公司更具活力，发展得更好，在 20 世纪末，全球的公司都是这样，其原因值得探讨。只有在哈佛商学院你才能研究背景如此大的问题，因为你有机会接近著名的公司和其经理人，并且得到长期的资助。所以我接下来要感谢的是当时的院长金·克拉克（Kim Clark）以及几位研究主任，他们支持并资助了我的研究。

当我开始把我的观点整理成一本书的大纲的时候，我也开始了与本书的出版商——哈佛商学院出版社的编辑们的讨论。公平地说，他们支持我，但未必支持我写的书。不过，当我指出成功的公司显然管理 CEO 接替工作得法时，这一主题令他们雀跃不已。我是一个纯粹的学者，对观

致谢

众的反应不很敏感。他们的鼓励让我专心研究一个正在变得显而易见的现象:能长期保持卓越业绩的公司都能管理好CEO的接替工作,而这些CEO基本上都是内部人。这一情形,加上若干其他重要内容,就构成了本书的故事。所以我要感谢梅琳达·梅里诺(Melinda Merino)、朱利亚·埃利(Julia Ely)和哈佛商学院出版社的团队。

我还要感谢很多CEO,他们非常配合我的工作,给我很多的时间,真诚地与我分享他们的故事和观点。尤其是以下人士拨冗与我进行了会谈:夏洛特·比尔斯、比尔·乔治、郭士纳、里克·格林伯里(Rick Greenbury),即理查德·格林伯里爵士、安迪·格鲁夫、克里斯·霍格[Chris Hogg,即克里斯托弗·霍格爵士(Sir Christopher Hogg)]、杰夫·伊梅尔特、查克·奈特、雷富礼、夏兰泽、维多里奥·默洛尼、戈登·摩尔、亨利·沙赫特、马丁·索罗、杰克·韦尔奇和其他默默为本书观点做出了很多贡献、对我的论点提供了例证的人士。我同样从十余年的研究案例以及其他研究接替问题的教授——尤其是我已故的同事理查德·范希尔——的研究中汲取了很多东西。

几位同事阅读了最初的几稿,提出了建设性的批评意见和建议。感谢汤姆·艾森曼(Tom Eisenmann)、鲍里斯·格鲁伊斯伯格、拉凯什·库拉纳和杰伊·洛希(Jay Lorsch)。克里斯·艾伦(Chris Allen)帮助我完成了CEO接替数据的统计分析。在手稿的写作和编辑过程中,杰夫·克鲁克香克(Jeff Cruikshank)起到了无法衡量的重要作用,使我找到了一种写作风格,能够使信息非常清晰,证据组织得当,节奏令人愉快。对所有的作者来说,有一个好的编辑是非常幸运的。

在出版的最后环节中,弗吉尼娅·富勒(Virginia Fuller)做了脚注,凯瑟琳·法伦(Katherine Farren)帮助完成了最终的文稿。

按照此类项目的惯例,如果存在缺陷,作者文责自负。

——约瑟夫·L.鲍尔

作者简介

约瑟夫·L.鲍尔是哈佛商学院工商管理唐纳德·戴维(Donald K. David)教席教授,在学院任教四十余年,领导综合管理系,是公司战略、组织和领导力领域的专家。他主要讲授和研究在当今快速变化和超强竞争条件下企业领导人所面临的挑战。目前,他主要研究企业附加价值,即公司集团对其业务部门所做的贡献,以及在 CEO 接替管理中所发挥的作用。

鲍尔独著及合著了很多书,包括:《从资源配置到战略》[(*From Resource Allocation to Strategy*),《战略与商业》(*strategy + business*)杂志 2006 年最佳图书]、《当市场震荡:产业重组的管理挑战》(*When Markets Quake: The Management Challenge of Restructuring Industry*)、《管理的两张脸:在商业和政府领域的美国式领导》(*The Two Faces of Management: An American Approach to Leadership in Business and Government*)。他也为《哈佛商业评论》(*Harvard Business Review*)撰写了多篇文章。

除了教学、担任顾问和从事研究之外,鲍尔也是阿尼卡制药(Anika Therapeutics)、布朗鞋业(Brown Shoe)、洛斯公司(Loews Corporation)、新美国高收益基金(the New American High Income Fund)和索内斯塔国际酒店公司(Sonesta International Hotels Corporation)的董事以及 TH 李(TH Lee)和帕特南新兴机遇投资组合(Putnam Emerging

作者简介

Opportunities Portfolio)的理事。他还是新英格兰音乐学院(New England Conservatory)的终身理事以及岱蔻德瓦博物馆和雕塑公园(De-Cordova Museum and Sculpture Park)的理事。

《CEO接班方略》是鲍尔十余年来对企业附加价值研究和他经历的九个CEO接替案例的成果。

译 后 记

《CEO接班方略——寻找具有外部眼光的内部人》是哈佛商学院资深教授约瑟夫·L.鲍尔集四十余年教学和工作经验写成的一本关于对企业CEO（首席执行官）接替过程实施有效管理的好书。这本书不但用实例论述了CEO接替工作对企业产生的巨大影响，而且提出了保证选好合格CEO的重要条件，即找到具有外部眼光的内部人。本书所选取的案例多是世界著名企业；所讲述的CEO选拔和接替过程，很多是作者亲眼目睹或亲身参与的；视野开阔、内容翔实、数据充分、文笔生动，是企业高层管理人员、学术研究人员和组织（干部）管理人员必读的一本不可多得的书。

约瑟夫·L.鲍尔既是大学教授，又是很多著名企业的董事，他集四十余年教学和管理工作的经验，瞄准了企业CEO选拔和接替过程中的一个重要管理问题：合格CEO的标准是什么？作者没有列出品德、专业、健康等空洞抽象的条件，而是用正反两方面的实例告诉读者，合格CEO的具体要求是"内部局外人"。"内部局外人"既不一定是土生土长的内部人，也不一定就是"外来的和尚"。他们是具有开阔的外部视野，又深谙企业文化、内部情况、业务运作规律，且作风扎实的务实的领导人。由于书中很多案例是作者在哈佛商务学院讲课时的讲义，所以口语化倾向十分明显，这增加了书的可读性，使人感到亲切有趣。在翻译过程中，我们注意保持了作者的语言风格，尽量原汁原味地展现书的内容。由于译者水平有限，各种疏漏在所难免，敬请广大读者批评指正。

本书第一、二章由刘斯翻译，第三、四章由陈芳侣翻译，第五、六章由杨萱翻译，第七、八章及附录由马晴、李荐、黄加林、张红业翻译。黄加

译后记

林、马晴、李荐审校了全书,并对注释及附件做了必要的翻译和整理。在此对于在翻译过程中给予我们各种帮助的朋友和同事表示衷心的感谢!

——译者
2008 年岁末